Você e outros pensamentos que provocam arrepio

Diretora-executiva
Renata Sturm

Diretor Financeiro
Guther Faggion

Administração
Alberto Balbino

Edição
Alessandra J. Gelman Ruiz

Revisão
Flávia Midori e Suelen Lopes

Projeto gráfico e capa
Miriam Lerner | Equatorium Design

Ilustrações de capa e miolo
Camila do Rosário

Marketing e Comunicação
Matheus da Costa, Bianca Oliveira

DADOS INTERNACIONAIS DE CATALOGAÇÃO NA PUBLICAÇÃO (CIP)
ANGÉLICA ILACQUA — CRB-8/7057

Elboni, Fred
Você e outros pensamentos que provocam arrepio / Fred Elboni.
São Paulo: Maquinaria Sankto Editora e Distribuidora Ltda, 2025.
176 p.
ISBN 978-85-431-0589-5
1. Crônicas brasileiras I. Título
25-4593 CDD B869.8

ÍNDICE PARA CATÁLOGO SISTEMÁTICO:
1. Crônicas brasileiras

maquinaria EDITORIAL

Rua Pedro de Toledo, 129 – Sala 104
Vila Clementino – São Paulo – SP, CEP: 04039-030
www.mqnr.com.br

FRED ELBONI

Você e outros pensamentos que provocam arrepio

Sumário

Dança pra mim?

"Dança pra mim?", eu pedi a ela enquanto estávamos deitados na cama sob aquele lençol que cobria somente uma de nossas pernas. Mesmo sabendo que ela ficaria com as bochechas vermelhas ao ouvir aquilo, resolvi, sem pudores, dividir uma de minhas vontades secretas.

Quando nos relacionamos com alguém e não temos vergonha de compartilhar nossos desejos com essa pessoa, nossas loucuras ou fantasias mais obscuras, sabemos que estamos no caminho certo. Ela sempre foi muito tímida e retraída e, por isso mesmo, pedi para ela dançar. Não só pela dança em si, nem unicamente por mim, mas porque eu queria muito que ela se libertasse aos pouquinhos das correntes que tinha em volta do corpo. Queria que ela aprendesse a se entregar, não exclusivamente a mim, mas a ela mesma. Eu sabia que ela precisava se sentir bonita, atraente, segura, mesmo quando meus olhos brincassem de polícia e ladrão com seu corpo.

Lembro um dia em especial quando transamos embaixo do chuveiro. Talvez, só de ler isso, ela já morresse de vergonha na época. Naquela ocasião, no meio de um sexo comum, daqueles convencionais, na cama, com posições triviais e previsão para acabar ainda em horário comercial, sugeri: "Vamos transar no chuveiro?" Fiz o convite com os olhos, a cabeça e o corpo, pois se usasse as palavras daria tempo demais para ela pensar, ponderar e recusar aquela situação tão inédita. E eu sabia que ela era daquelas que precisam ser levadas pela mão até a porta de uma nova experiência.

Puxei-a gentilmente pelos braços, liguei o chuveiro, demorando um pouco até acertar a temperatura ideal, mas continuei com os beijos, como se nada tivesse acontecido. E tudo aconteceu. Entre a água que corria pelo seu corpo e o olhar pensativo decidindo se molharia o cabelo ou não, o mais gostoso foi vê-la não conseguindo se apoiar em nada, com as mãos trêmulas, perdidas, de olhos fechados, começando a se jogar no que não conhecia. Naquele momento, ela estava inteiramente ali, presente, vivendo o que devia ser vivido. Se ela soubesse como foi lindo vê-la se entregando sem questionar, apenas confiando em mim e, principalmente, confiando nela mesma, tenho certeza de que já teria feito isso antes.

Mesmo após várias aventuras e redenções como essa, ela ainda tem receio de muita coisa, inseguranças que, dia após dia, tento ajudá-la a apagar com as mãos. Aos poucos, ela me dá brechas, breves espaços, para mostrar que uma mulher bonita por dentro, quando coloca com segurança suas vulnerabilidades no varal do coração, também se torna bonita por fora. Ajudar e apoiar a mulher a desenraizar suas inseguranças é uma das coisas mais bonitas que um homem pode fazer por ela. Não que tenhamos todo esse poder, longe disso, mas se pudermos estar junto de quem amamos nesses momentos, por que não fazer? E eu a amo tanto!

Pessoas que dançam, que se entregam e que cantam o que sentem no chuveiro criam lembranças e momentos que, convenhamos, seriam desperdiçados caso não fossem vividos. Por isso, sempre que tenho oportunidade, digo: como me segurar para não cantar, mesmo que um pouco desafinado, o que sinto por você? Como viver intensamente um amor sem deixar o medo de se entregar embaixo da cama? Como ser feliz amando sem deixar claro que você também está sendo amada?

Até hoje ela ainda não dançou pra mim. Mesmo assim, meu coração ainda dança por ela em ritmo de carnaval. Espero que um dia ela dance, e dance muito. Não por mim, mas por ela. Única e exclusivamente por ela.

Boa de cama

Esses dias me perguntaram o que seria uma mulher boa de cama na minha opinião. E sem pensar em respostas exóticas ou criativas demais, falei rapidamente: "É uma mulher que sabe se entregar."

Depois de dizer aquilo, fiquei alguns segundos em silêncio, observando o rosto perfeitamente maquiado da mulher que me fez a pergunta e pensando se minha resposta havia sido vaga demais ou totalmente direta ao ponto. Sempre acho difícil dar respostas diretas para assuntos tão plurais, mas, vendo por outro ângulo, muitas vezes a gente precisa aprender a falar o que pensa sem se bloquear tanto. Coisas da vida. A idade nos faz ser cada vez mais diretos e menos explicadinhos, principalmente quando as justificativas existem somente para nos proteger dos julgamentos alheios.

Já tive a sorte de ter algumas mulheres boas de cama comigo e todas tinham em comum algo bem característico: não se importavam com a minha possível opinião sobre elas. Nenhuma me olhava como se, a cada atitude, esperasse aprovação, ou seja, não estava interessada no que eu poderia pensar dela, se eu a acharia estranha, divertida ou sexualmente fantástica. Elas só – como se fosse pouco – queriam se realizar de corpo e alma e viver aquele momento com toda a verdade e intensidade possíveis. Rebolavam, gemiam, mordiam o travesseiro e minhas costas em busca do próprio prazer, e aquilo era lindo!

Claro que eu usufruía também daquele prazer, que vinha para mim em forma de beijos e intermináveis arrepios, já que sempre houve muita troca. Mas as minhas opiniões nunca criaram uma barreira ou abriram uma distância entre elas e seus desejos mais íntimos.

No entanto, o fato de as opiniões dos parceiros (a minha, no caso) não as levar a mudar seu jeito de agir não significa que sejam egoístas, como muitos homens são na cama, pensando primeiro no próprio prazer, e sim que elas não deixavam de mostrar suas vontades nem de fazer loucuras. Felizmente, a gente só consegue esse equilíbrio quando há uma linda troca de energia e uma química compatível.

Você pode até argumentar que, se agisse assim, muitos homens se assustariam com suas vontades e desejos. Calma lá. Por qual motivo você ficaria com alguém que não tem a mesma liberdade e nem vibra na mesma energia que você? Liberte-se!

Sempre achei, desde que comecei a despir roupas alheias e trocar sorrisos em lençóis macios – ou em pequenos sofás –, que o sexo é mais que somente a troca de beijos, fluidos e carícias. Requer, principalmente, intimidade. E, convenhamos, sexo sem intimidade é aperto de mão. Pode ser uma noite, uma semana, alguns anos ou até um casamento que – Deus me livre! – dure a eternidade. Se não houver intimidade, não faz o menor sentido.

Conseguir intimidade não é, nem de perto, uma questão de tempo. É uma questão de energia, de momento. E eu me lembro disso sempre que as coisas ficam confusas, já que todas as respostas estão na sensibilidade, na energia, no tato e na reciprocidade do olhar. Eu sei, eu sei, parece algo lírico demais para um texto que fala sobre mulheres boas de cama, mas você já conheceu algum homem bom de cama que não carregava com ele um pouco de sensibilidade?

Para sermos bons de cama, precisamos mergulhar na verdade que os lençóis pedem, em vez de ficar à margem por medo de julgamentos, seja lá de quem for. Então, não se julgue e não julgue seus prazeres. Honestamente, eles não merecem ser questionados quando querem tanto ser doados a alguém que saiba valorizá-los.

Pudores internos e julgamentos próprios não combinam com a liberdade que uma entrega mútua pede. As mulheres com quem transei e que se entregavam na cama conseguiam fazer isso porque já se conheciam intimamente. E, por se autoconhecerem, sabiam dividir sua intimidade sem medo da surpresa da própria descoberta. Elas já se aceitavam antes de eu aparecer na vida delas. Uma mulher boa de cama diz o que gosta e, principalmente, diz o que não gosta. E tem que dizer mesmo. Acredite: as pessoas precisam dividir mais o que sentem.

E você? Já parou para pensar assim, como se fosse algo muito louco, que a sua liberdade é só sua? Que ela nasce com você? E que ninguém pode tirá-la de você? Sim, ninguém pode tirá-la de você.

Então, faça um favor a si mesma e nunca se relacione com alguém com quem você não possa dividir todas as suas fantasias. Caso contrário, você estará perdendo uma linda parte da vida. Tudo bem, parece um pouco fantasioso, mas quem disse que o amor e o sexo também não são?

Ah, aproveito para retificar minha resposta dada rapidamente, como contei no início: uma mulher boa de cama é alguém que sabe se entregar, sem medo das opiniões que possam vir do endereço da entrega.

Essa mulher é você

Imagine uma mulher cheia de euforia, que todo dia pela manhã, ao abrir os olhos, lembra que só tem uma oportunidade de viver e que por isso abre os braços para a vida agarrando o mundo com a gana de quem quer engoli-lo de uma só vez.

Imagine uma mulher que, quanto mais transparece não se importar com a opinião dos outros, mais os outros a desejam por perto. Quando ela desfila pelas passarelas entre as multidões, invade a retina dos homens que a veem passar carregando em si um tesão de ser feliz, e conta isso para todos, não com palavras ditas ou escritas, mas com as roupas alegres que usa, e que combinam tanto com seus olhos cor de entusiasmo.

Imagine uma mulher que sabe se entregar ao prazer em todas as suas formas, como quem tem interesse científico em descobrir como tudo funciona. Para ela, o encontro dos corpos é como um delicioso banho de chuva, intenso e libertador. Ela sente prazer em se entregar em beijos e abraços em endereços conhecidos ou desconhecidos, onde quer que haja paixão e amor.

Imagine uma mulher que fala palavras provocantes com um sorriso safado no rosto, os ombros leves e os cabelos espalhados pela cama, feito uma pintura surrealista. Ela escolhe seu parceiro por suas ações frente ao mundo, pela maneira como dribla as verdades absolutas e faz as diferenças parecerem um tempero, que só não é saboroso no prato de amadores. Ela rebola, pede tapa na bunda, manda ir mais forte e abre um sorriso imenso quando o ouve dizer que a ama. Quanto mais contorce o corpo em busca do próprio prazer, mais o faz se lembrar de como o sexo é poético, e que palavras rimam de forma orgânica. Quando estão se amando loucamente, as mãos valseiam pelos corpos nus em desespero, em apertos que deixam marcas e pouco espaço vazio. Os lábios não se desgrudam, com medo de nunca mais sentirem a mesma emoção. Quanto mais se desvincula das regras do mundo, mais ela cria as regras do seu próprio mundo.

Imagine uma mulher que é tudo o que muitas mulheres gostariam de ser, mas não são.

Imaginou?

Agora, imagine que essa mulher é você.

Sim, ela pode ser você, assim se entregue e pare de se questionar tanto sobre as verdades solitárias com que convive e ninguém sabe. Achou difícil? Sabe por quê? Porque você está valorizando muito os outros.

Alguns preconceitos fazem fila em mentes vazias. Alguns beijos em público viram notícia em bocas ásperas, que não sabem sussurrar palavras de carinho ou apoio, porque só estão acostumadas a maldizer. Alguns homens falam coisas arbitrárias para tirar o brilho das mulheres que refletem amor ao piscar demoradamente. A falta de sensatez deles aparece ao julgar o caráter delas só porque elas demonstram tesão, falam coisas que vêm do coração e têm liberdade de querer transar sem grandes pretextos.

Eu chamo isso de antipaixão, uma espécie de preconceito que inibe as entregas e, principalmente, as sensações mais puras e viscerais que uma mulher pode ter. Viver assim, com liberdade e autenticidade, só as deixa mais lindas, inspiradoras e sensacionais, e nada que façam diminui isso: transar no carro, sexo oral na escada de incêndio, viver histórias malucas toda semana ou colecionar noites em que o gemido foi o refrão da música tocada entre os lençóis.

As horas passam e os desejos guardados mostram como somos vulneráveis. Realizá-los é uma sensação de que a vida só está começando. Então, se jogue antes que a vida empurre você! Já os outros, e o que eles comentam por aí, são vírgulas perto da exclamação que você pode carregar no coração. Os outros são uma revista que, na semana que vem, muda de capa, de valor, de colunistas, de matérias, de opinião. E logo vai para o lixo.

Mas você é poesia, mulher! Você é poesia! E aquela mulher é você!

Um amor de domingo

O domingo, quando bem analisado e colocado contra a parede, às vezes deixa de ser um simples dia da semana e se torna um sentimento. Para alguns, ele é tristeza, angústia, reflexão; para outros, é esperança de recomeçar um novo período. Independentemente da sensação ou do estado de espírito, aproveitar o domingo é como saborear um amor sereno. É ficar embaixo das cobertas todo embolado, é dar beijos calmos feito água doce, é se satisfazer com pouco, mesmo sendo muito.

Domingo também é eufemismo de preguiça. Quer coisa mais gostosa do que estar com alguém que saiba viver a preguiça a dois? Juntinhos, em uma eternidade toda particular, viver na preguiça a dois é um prazer para poucos. É dormir junto mas acordar sozinho, pois um dos dois já foi ferver a água para fazer o café. É dormir junto mas acordar sozinho, pois um dos dois foi ver um filme na sala para não acordar o outro. Relacionar-se com alguém que só sabe viver loucu-

ras também cansa, se torna vazio e pouco genuíno no longo prazo. Nem todos os amores precisam ser de sexta-feira. O dia a dia, com a idade, se torna menos loucura e pouco mais planejamento para o piquenique do fim de semana. (Como assim? Você nunca fez um piquenique?)

Diferentemente de alguns amigos, eu não busco mais um amor de sexta-feira. Claro, as aventuras ainda me parecem lindas, mas mesmo elas andam se apresentando de outra forma. Meus beijos obviamente ainda se pluralizam nos encontros, casuais ou não, mas não são mais regra. Minhas vontades não vêm mais em forma de tempestade, violentas e sem limites, mas em forma de chuva de verão, deliciosas e charmosas pela previsível imprevisibilidade.

É engraçado, mas quando digo que quero um amor de domingo todos se entreolham e me encaram, assustados, como se eu precisasse sempre viver um amor de sexta-feira. Mal sabem que todos os meus amores até hoje foram de sexta-feira. Eu sei: há quem procure um amor de sexta-feira porque já viveu muitos amores de domingo. Mas eu quero um amor de domingo porque o de sexta-feira eu já vivi todos os segundos. São as fases da vida, ora calmaria, ora aventura.

Domingo tem cara de sexo gostosinho, assim mesmo, no diminutivo. Tem cara de pipoca meio doce, meio salgada. É uma mescla de vida saudável, pelo lindo dia de sol, e de sono de emergência durante a tarde. Tem beijo na nuca e carinho atrás da orelha. Tem céu cor de tangerina no pôr do sol e pizza sem culpa à noite. Tem preguiça e vontade de aproveitar a vida. Tudo ao mesmo tempo. Domingo é uma pessoa rude, mas que, no fundo, é um amorzinho.

Já tive alguns amores loucos de sexta-feira e todos me fizeram muito bem. Só que, hoje, um amor de domingo me soa mais parecido comigo, me faz ser o que realmente sou: filme, sexo de ladinho e ar-condicionado bem gelado para poder usar cobertas. Muitas pessoas esperam e anseiam a sexta-feira como se fosse a solução dos problemas. Eu só espero que o domingo, como meu próximo amor, nunca acabe. Mesmo que eu saiba que, no final, tudo sempre acaba.

P.S.: Sério mesmo que você nunca fez um piquenique?

A química de beijar sorrindo

Você já sentiu a tal *química* com alguém? Estou dizendo química mesmo. Não apenas um beijo que encaixou facilmente, ou uma transa que foi gostosa numa noite qualquer de sexta-feira ouvindo música descolada. Nem é só um passar de dedos pela nuca que fez a pele arrepiar durante alguns segundos.

Estou me referindo a sentir aquele algo louco mesmo, maluco, em que os arrepios ficam incontroláveis e o tesão perde facilmente o rumo. Vou ser mais direto: você já sentiu aquela vontade de se pegar loucamente com alguém? De dar, comer, transar, chupar, pirar, gritar... Os olhos brincam de revirar e as palavras voam sem pedir licença aos bons costumes. E se essas palavras – chupar, transar – assustam e lhe causam uma leve vergonha ao lê-las, provavelmente você ainda não sentiu a tal química inexplicável com alguém.

Quando a gente sente tesão aliado à química, as regras morais passam longe e queremos beijar a pessoa em qualquer lugar, na rua, na varanda de casa, mesmo que os vizinhos observem com binóculos e os desconhecidos estejam a postos com celulares, prontos para fotografar. Ou no banco de trás do carro, mesmo que seja em um estacionamento de posto de gasolina às três da manhã. As perguntas ficam distantes, e os medos, felizmente, a gente amassa feito uma bolinha de papel. Quando a química acontece, a putaria pega o amor pelas mãos, coloca a intimidade na garupa, e juntos brincam no lindo parque que é o corpo do parceiro.

A química acontece quando o beijo desliza pelo pescoço e, devagar, volta só para dar uma leve mordida no canto da boca. Como se fosse um mapa de viagens intercontinentais, sobe voando, planando, até os ouvidos, só para dizer *quanto a gente se gosta* e que *hoje você é toda minha*, além de, claro, *eu sou todo seu*. É quando a gente beija a barriga da outra pessoa como se fosse a boca, aperta as pernas como se dependêssemos delas para se segurar em um enorme penhasco, mesmo sabendo que não vamos cair. É quando as roupas são arrancadas às pressas e se perdem entre os lençóis, em cima dos abajures ou em qualquer canto do quarto, e a respiração parece sincronizada. Principalmente, é quando a gente geme alto e logo depois beija sorrindo... Existe coisa mais gostosa do que beijar sorrindo?

A química simplesmente acontece. São breves momentos de distração que não podem ser contidos... ou pelo menos não deveriam. Seria um desperdício perder esses lindos momentos que a vida distribui. Algumas pessoas – tristes, imagino – acham que na devassidão não há amor, carinho e intimidade. É uma pena. Há amor quando há entrega, quando há verdade. O amor existe no beijo ardente da noite e no espreguiçar sorridente do dia seguinte.

Só não se martirize caso ainda não tenha vivido isso. Você poderá experimentar, obviamente, se quiser. Só depende de você e da liberdade que você dá a si mesmo. Amar, transar ou, com sorte, os dois juntos, sem tantos preconceitos e pré-requisitos, é uma das melhores delícias da vida.

Gosto de abraços e beijinhos

Ultimamente, estou tendo mais contato com minhas carências e vulnerabilidades. Sinto como se estivesse gostando mais de abraços e beijinhos do que um dia já pensei gostar, e estou até falando "beijinho" no diminutivo, porque estou me sentindo confiante para gritar isso pelas ruas se necessário. *Mas por que gritar pelas ruas se posso sussurrar em um ouvido?*, me pergunto.

Vulnerabilidade: talvez essa seja a palavra mais representativa dos últimos tempos para mim. Revivendo tristezas lindas de serem descritas e vivendo algumas novas alegrias que não imaginaria sentir tão cedo, aprendi a lidar com medos que eu não sabia que eram tão profundos. A gente sempre acha que, como diz uma velha conhecida minha, é um medo bobo, uma besteira que já passa, mas, ao tirar o lençol e enxergar a dimensão das nossas profundezas sem ter à frente a neblina protetora que o coração cria, constatamos que pouco sabemos sobre nossas covardias mais obscuras.

Nessa fase da vida em que ando mais carente do que de costume, estou aprendendo qual é meu verdadeiro valor. Valorizar a si mesmo não é buscar uma autoestima exagerada, incentivar a própria soberba ou colocar legendas vagas em fotos de redes sociais, mas sim algo que leva anos para ser conquistado, como um presente que nos esforçamos para merecer. Demoramos para ser merecedores desse presente, e muitas vezes ele chega sem embrulho.

Aos poucos, mergulhando fundo dentro de mim mesmo, me vejo cada vez mais apaixonado e com orgulho das minhas leitoras, cada vez mais conversando e ouvindo os outros com paciência e zelo, carregando debaixo do braço livros que me traduzem e me abraçam quando necessário, ligando para meus familiares só para perguntar como eles estão e, principalmente, selecionando cada vez melhor as pessoas com quem divido a energia da minha casa e do meu coração. Estou em uma fase de poucos colegas, e amores e amigos verdadeiros e intensos.

Lidando com surpresas com as quais não gostaria de ter que lidar, fui aos poucos decidindo que não queria mais conviver com pessoas mal resolvidas, fossem elas amores ou amizades, que só sabem se valorizar diminuindo o outro, que cospem verdades absolutas, que precisam esbravejar suas opiniões para ganhar uma discussão sem fim, que se armam de preconceitos, estereótipos ou palavras torpes para agredir e vencer um embate. Em resumo, pessoas que não conversam mais com minha espiritualidade e visão de mundo.

De canto de olho e boca fechada, acho cômico perceber como muita gente confunde fortaleza com forças grandiosas e ininterruptas, como se as pessoas que construíssem ao redor de si muros altos com arame farpado fossem mais fortes e valentes do que aquelas que nunca carregaram pedras nem ergueram uma cerca em volta de si.

Quem precisa demonstrar muita proteção e força normalmente vive de pouca entrega, tem medo do adeus e do olá, pede socorro quando o coração acelera e geralmente arrasta fraquezas internas gigantescas, com a necessidade de viver cercado de muralhas altas, que tampam a visão do mundo.

Só que, para se apaixonar, é preciso assumir as carências e as vulnerabilidades, viver sem preconceitos ou rótulos, dizer o que sente e ficar à mercê de uma negativa. É preciso assimilar que às vezes a gente perde um amor, uma pessoa ou uma oportunidade. É preciso viver de peito aberto, e ser você mesmo em um mundo que cobra muito para que sejamos outras pessoas.

Eu gosto de carinho e amor, mas também adoro uma sacanagem, um sexo safado, aquela putaria gostosa, e não consigo encontrar palavras para definir melhor minha relação com as mulheres que já amei. Como homem, e vivendo em uma sociedade que sempre cobra de nós prontidão sexual, é fácil admitir que gosto de sexo. É bonito, é descolado, é charmoso, demonstra pegada e virilidade, e até coloca as letras do meu nome em maiúsculas no imaginário alheio. Difícil é falar que gosto de beijinho, de abraço, de carinho nos finais de semana... e, por que não?, nos dias de semana também.

Na verdade, é mais difícil dizer que gosto de excesso de carinho, de colo, de dormir de conchinha, de falar besteiras e recebê-las todas de volta. Para muitos, principalmente para homens que riem e não admitem suas vontades, soa como fraqueza ou vulnerabilidade, sobretudo na caixinha dos homens com H maiúsculo.

Fico pensando em como essas pessoas cheias de opinião e verdades conseguem viver somente um lado da moeda. Por que não viver os dois? Por que não se entregar e ser feliz na pluralidade que a vida oferece? O mundo fica tão mais gostoso quando a gente aprende que não precisa escolher lados, muito menos viver de certezas absolutas.

Enquanto meu pior defeito for me entregar demais, estará tudo bem. Se necessário, me deixe sofrer, não hesite. Me deixe amar quem faz meus olhos sorrirem até se estreitarem demais e sumirem, lacrimejarem, dizerem poesias ou qualquer coisa que forem capazes de fazer. Me deixe admitir minha carência e o medo que tenho do mundo para desconhecidos na rua, que às vezes nos entendem melhor do que nós mesmos. Só, por favor, não quero chegar ao final e ouvir que não vivi, que não fui feliz, pois deixei escapar a chance, não pedi carinho, não amei e não fiz sexo no capô do carro, pois perdi a reta com medo da curva.

Quero alguém que me abrace quando o frio implorar por edredons e uma cama cheia de travesseiros, mas também quero sexo com gostinho de loucura, vadiagem, com puxão de cabelo e espelhos vigiando, mesmo que o dia esteja lindo lá fora, até porque, dane-se... Se quisermos ficar o dia inteiro na cama fodendo...

É, falo *beijinho*, mas também falo *fodendo*. Talvez assim fique claro que o melhor da vida esteja no meio-termo, no equilíbrio. Eu aproveito tudo e fico com os dois!

Eu só queria saber como você está

Como tantos homens muitas vezes bestas para lidar com relacionamentos, resolvi sentir falta dela justo nesta madrugada aqui em Barcelona. É que ela é toda Barcelona: coração de artista, beijo latino, liberdade em cores, alegria em qualquer estação do ano.

Faz três anos que não a vejo. Nosso último contato foi quando ela me mandou aquela mensagem que dizia "Se cuida", e que eu, por alguns minutos, ainda tive certeza de que ela havia escrito errado, querendo dizer "Me cuida". Nunca perguntei para confirmar. Prefiro minhas ilusões.

Fato consumado é um clichê masculino: a eterna esperança no ressurgimento inesperado de algo que já foi e que nunca mais será. Em uma metáfora ao contrário, soa como uma fênix que não ressurge das cinzas, só as tira de baixo do tapete. Deve ser coisa de homem que enfrenta muito a solidão, isso de querer voltar as horas quando o relógio já avançou muitos dias. Meses. Anos, até.

Isso são horas de reviver o passado, seu idiota?, grita a minha sensatez. Seguro um impulso, me agarro ao colchão, pego meu celular, digito uma mensagem, apago, reescrevo, apago um trecho, escrevo diferente, desisto, pouso o aparelho sobre o peito, conto carneirinhos, sonhos e estrelas... *Preciso me controlar, preciso ser maduro,* penso. Só que não consigo ser maduro, controlado, nem sensato quando a saudade brinca de ser um trator de 8 toneladas passando por cima do meu coração!

Ah, não aguentei. Cliquei em ENVIAR e mandei sem pretensões, mas com todas as intenções do mundo. O pior é que usei aquela mesma desculpinha de sempre, que tenta nos livrar do ridículo de entrar com o peito aberto e um cartaz de tiro ao alvo preso nele: "Eu só queria saber como você está."

Eu sei, eu sei, mas eu precisava desabafar. Mesmo que aquilo só servisse para me afundar ainda mais em uma apneia sentimental. Eu não ia ter a resposta esperada, eu sabia, era justo, mas, assim como um carinho, um golpe brusco nas ilusões às vezes cai muito bem. Era uma oportunidade linda de recomeçar e eu precisava muito dela. Prendi a respiração, deixei as consequências na gaveta e enviei: "O tempo passa... Já a saudade brinca de ir e voltar sem nem pedir licença."

Foi difícil dormir. Agonizei, fiquei olhando o celular a cada despertar repentino pela noite. Custava ela responder rápido? Por que me torturar tanto? O dia clareou, o tempo passou, e já eram 11h38 quando ela respondeu um "Como você está?" que tinha tudo para ser um ríspido e breve "Acontece". E foi.

Conversamos mais um pouco, cumprimos o protocolo e emendamos mais um "Se cuida", que de "Me cuida" não tinha nada. Era fato: a gente não tinha mais nada a ver. Ela foi, voou, conheceu outros caras, aprendeu a amar diferente. Eu fiquei, me controlei, realizei todas as histórias que havia lhe dito que realizaria, e aprendi até a cozinhar, quem diria.

Até hoje, depois de três anos, mesmo errando no *timing* em que a saudade dá as caras, ainda controlo minhas vontades e saudades, sempre loucas, para não brincarem com a estabilidade emocional dela. Não seria justo nem maduro. Ela está muito feliz, e eu fui apenas algo passageiro.

Saudade é prova da capacidade de amar

Eu adoro ouvir músicas calmas, pois têm o poder de me transportar para acontecimentos do passado, amores antigos, histórias que gostei de viver. Quando estou com minhas músicas prediletas, deixo a saudade fluir por meus poros, como se ela pudesse resgatar e trazer de volta para o presente tudo que me faz falta. Meio masoquista, eu? É, também acho, mas o que fazer se convivo com tantos sentimentos confusos e espinhosos dentro de mim?

Honestamente, a saudade me desperta uma grande imaturidade. Eu me sinto perdido, não sei muito bem o que fazer e, no impulso, tomo atitudes das quais me envergonharia em momentos de sensatez. Mesmo sabendo que vou me entristecer, procuro mensagens antigas que trocava com pessoas amadas e leio-as vagarosamente, relembrando como éramos carinhosos. Faço ligações em noites em que a caixa postal é uma visitante inconveniente entre as chamadas não atendidas. Deleto fotos (todas elas), com a segurança de quem sabe que amanhã, caso eu me arrependa, elas ainda estarão na lixeira. Assim, furto os sinais e os sintomas, e brinco de manter esperanças tolas.

Mas e quando a saudade aperta demais, o que a gente faz? Chora, grita, se esconde, corre atrás do tempo perdido, divide as angústias com alguém que finge nos compreender, vai ao parque sozinho, vai ao cinema sozinho ou simplesmente dorme e torce para o tempo ser uma boa amizade. Podemos fazer qualquer coisa com a saudade, até saná-la com doces cobertos de chocolate, mas nunca fingir que nada está acontecendo, já que isso seria um desrespeito com nossa capacidade de amar.

A saudade brinca de doer e, injustamente, tira para dançar quem nunca ensaiou o adeus. Ela é uma lembrança de que houve amor, seguida de dores que transportam a alma para um passado bonito, mas distante. Sentir saudade é perceber que alguém deixou em nós mais de si do que poderíamos suportar. Por outro lado, quem nunca morreu de saudade nunca morreu de amor. E tem coisa mais gostosa do que dizer a você mesmo que já morreu de amor?

Amar de verdade é um encontro lindo com a vida. É como se, mesmo que com um pouco de tristeza, você soubesse que viveu seus momentos com entrega. Definir a saudade em palavras é fácil e até bonito. Difícil é conviver com a dor que ela traz. Mas aí a gente sempre tem a música para ajudar.

Sentir saudade
é perceber que
alguém deixou
em nós mais de si
do que poderíamos
suportar.

Medo de ser feliz

Muitas vezes, me perco entre minhas inúmeras ansiedades. Sinto como se elas testassem diariamente a minha capacidade de suportar uma enxurrada de dúvidas e, pior, tivessem o sadismo de resgatar algumas lembranças tristes que ainda me doem.

Minhas ansiedades me corroem, me tiram o ar literalmente, quando não me roubam as esperanças e o sorriso do rosto. São insistentes, conversam comigo em momentos que eu não gostaria de falar e me deixam com algumas inseguranças que eu gostaria muito que já não me pertencessem mais. Elas são como aquelas amizades que um dia adoramos ter, que já foram divertidas, felizes, e que tiveram seu momento de companheirismo na adolescência, mas que hoje não fazem mais sentido.

Toda noite, quando o relógio insiste em fazer maratona pelos espaços do meu coração, fico me perguntando por que a minha cabeça não esvazia da mesma forma que meu peito já cansou de fazer. A ansiedade habita de maneira tão corriqueira dentro de mim que algumas vezes já me peguei até com medo de ser feliz. Não sei, era como se eu não merecesse a felicidade. (Medo de ser feliz: qual é o nome dessa doença? Parece grave!) Com medo de errar, eu me apavorava e desistia. Com medo de amar, pegava minhas trouxas e fugia para a minha colcha de retalhos emocional. Com medo da insuportável aparição da ansiedade, ficava por horas e horas entre as cobertas e com as luzes apagadas. Assim como o melhor brinquedo do parque, minha cabeça brincava de ser o carrossel em que todas as crianças gostavam de brincar, onde subiam, pulavam, gritavam e batiam insistentemente os pés, enquanto eu girava, girava e girava, em um único movimento circular e repetitivo, sem nem saber por quê.

Tentar dividir com alguém as angústias das nossas mais íntimas, recorrentes e incoerentes ansiedades é um sofrimento, e é um sofrimento solitário. Solitário porque não converso sobre minhas ansiedades com quem sinto que não está disposto a ouvir. E, por sentir que poucos conseguiriam dimensionar meu sofrimento, me fecho em solidão, me permito silenciar a boca, os olhos e o coração acelerado. Fico sozinho, brinco de inventar catástrofes com minhas próprias vivências e percebo que já estou ficando pós-graduado em antecipar desgraças que provavelmente nunca acontecerão.

Só compreende a profundeza de uma crise de ansiedade quem já sentiu, quem já viveu, quem já criou laços de amizade com as obscenas e solitárias madrugadas, quem já sentiu a cabeça latejar em busca de soluções que não existem, e quando existem, só dependem do tempo, nem sempre nosso amigo.

Abafar os pensamentos é uma constante agonia que carrego comigo desde pequeno. Acenar para a minha autoestima no quesito amar é uma luta diária que oscila com o meu emocional. Lembrar que na vida ainda haverá muitas boas notícias por vir é uma mensagem que escrevo em um pedacinho de papel e deixo na porta da minha geladeira, para ler todos os dias pela manhã. Não sou uma pessoa triste, longe disso, mas às vezes, quando estou imerso nas profundezas das minhas mais íntimas e confusas ansiedades, infelizmente me esqueço desse detalhe.

Paixão de avião

Hoje é mais um dia comum, daqueles em que estou no aeroporto. Escalas, voos atrasados, fila no raio X, passageiros apressados, pessoas com medo da decolagem, bagagem perdida, essas coisas.

Diferentemente dos dias em que chego disposto para viajar, hoje estou realmente cansado, querendo e precisando dormir no voo. É aí que entra o árduo imprevisto que enfrento. Longe de ser uma turbulência ou o trem de pouso que resolveu não dar as caras. Não, o avião nem decolou ainda. É algo bem mais sério e complicado. Sou o primeiro a chegar à fileira, coloco minha mala de mão no bagageiro e me acomodo na poltrona da janela. Alguns segundos depois, minha agonia começa: uma mulher bonita se senta ao meu lado.

Ela não é só bonita. É linda. Charmosa. Simpática. Ela sorri para mim. Mexe no cabelo como se estivesse em uma praia vazia, tomando água de coco, com sol no rosto, passando protetor solar de 40 em 40 minutos, como sua dermatologista Renata aconselhou.

O problema é que estou com muito sono. Mas não posso dormir! E se eu, repentinamente, perder o controle, adormecer e ficar, sei lá, babando de boca aberta, escorado na janela do avião, com a cabeça caída, balançando e acordando com aquela cara de susto e de bobo entre as breves turbulências? E se eu acordar com algum movimento brusco ou com alguém me oferecendo suco ou água e ainda fizer aquela cara de "Eu não estava dormindo, não, só fechei os olhos para me concentrar aqui, coisa rápida"? Ela vai me achar ridículo. E se ela for a mulher da minha vida?

Bom, se realmente for a mulher da minha vida, ela vai me aceitar assim, ainda mais com esse bônus de gostinho da vida real. Por outro lado, se eu dormir posso realmente perder a oportunidade de conhecer a pessoa com quem eu poderia ter uma existência feliz.

Agora começa outro problema: como quebrar o gelo? Bem, posso começar a ler um livro de italiano que comprei ontem para tentar dar uma de homem-charmoso-interessante-vamos-para-Capri e *parlare l'italiano* em uma ligação imaginária pelo celular. Ou posso fingir estar dormindo e, aos poucos, ir escorregando minha cabeça em direção ao seu ombro, como quem não quer nada, pedir desculpas e começar a conversar. Ou ainda posso dar uma de Joey e soltar um "How you doin'?", pois, assim, por tabela, já saberia se ela gosta ou não de *Friends*. E, como tenho carinho especial por *Friends*, eu já evitaria me relacionar com alguém que, por uma desgraça do destino, pode até ser a mulher da minha vida, mas não gosta de *Friends*.

Fred, para! Você só está com muito sono! Já ultrapassou a barreira da bobagem! Esse é meu senso de ridículo me avisando que eu poderia fazer tudo isso, mas, diferentemente dos outros dias em que chego disposto a viajar, hoje estou realmente cansado, querendo e precisando dormir no voo. Então, tomo uma atitude: com convicção, em vez de dizer que sei cozinhar pratos que nem faço ideia se são feitos na frigideira ou no forno ou puxar uma conversa sobre vinhos, abro mão da minha felicidade eterna ao lado da mulher da minha vida e durmo como nunca havia dormido em uma daquelas viagens. E provavelmente também babo como nunca havia babado.

Amores de viagem, como costumo chamar esses espasmos em forma de paixão, em sua maioria, não são uma oportunidade perdida de amor eterno, como muitos pensam. Em geral, a gente olha para a pessoa, casa com ela em uma praia paradisíaca que escolhemos em segundos, dá nome aos filhos que, obviamente, falarão mais de dois idiomas, pensa como o sexo é bom, cria mil teorias e, no fim, só sai sorrindo por ter vivido um breve momento bobo e alegre, que começa e termina lindo por nunca ter acontecido. Damos asas à imaginação e voamos sem rumo, nos permitindo ter o direito à esperança de ficarmos felizes por ainda conseguirmos ver a vida com lirismo.

A vantagem é que, saindo felizes e esperançosos por aí, leves e distraídos com essas histórias, podemos sem querer trombar com alguém, derrubar todas as suas coisas e talvez assim, bem despertos, aumentar a probabilidade de conhecer alguém que realmente vai ser importante na nossa vida.

Quem sabe?

Às vezes um sofá cai muito bem

Um dia, conheci uma bela mulher e saí com ela. Era linda. Muito linda. Até poderia descrevê-la fisicamente aqui, mas prefiro deixar para a sua imaginação, já que beleza é algo sempre muito subjetivo. Nessa época, eu tinha acabado de me mudar, e na minha nova casa ainda não havia praticamente nada, apenas um sofá, uma geladeira, uma televisão e algumas caixas de papelão jogadas pela sala. Nem a minha cama tinha chegado.

Na segunda vez em que saí com aquela linda mulher era fim de noite. Nem sei bem como, ousei convidá-la para assistir a um filme comigo *naquela* casa. E ela, assustadoramente, aceitou minha proposta maluca, para meu espanto e também alegria. Deixei bem claro a situação que ela encontraria lá.

Ao chegarmos, não nos restou opção além de sentar naquele único sofá que havia na sala. Era um daqueles que a gente compra provisoriamente nos primeiros dias de casa nova, o mais barato possível (e depois vende quando consegue um melhor), somente para preencher o vazio da casa e, claro, para ter onde sentar e assistir à televisão. No meu caso, também estava servindo de cama, até que a minha fosse entregue. Claro que não era o sofá dos meus sonhos, até porque, naquela fase da vida, eu não tinha dinheiro para comprá-lo, mas aquele supria minhas necessidades.

Sentados no sofá, vendo um filme do qual nem me lembro na televisão que estava em cima de uma caixa de papelão, perguntei, certo do calor que estávamos passando, se ela gostaria de tomar uma cerveja. Ela sorriu com os olhos, com aquelas marcas de expressão lindas que algumas mulheres (pasmem!) insistem em esconder, e respondeu que sim! Eu já tinha bebidas na geladeira, mas confesso que deixei o ar-condicionado desligado de propósito quando chegamos, pensando que, se fosse convidá-la para uma cerveja gelada naquela noite, o programa cairia melhor com um pouco de calor.

Fui à cozinha, peguei a bebida e nos servi. Havia uma energia especial naquele momento e resolvemos brindar, como se fôssemos celebrar algo muito importante. Na verdade, éramos somente duas pessoas se conhecendo melhor em uma casa nova sem móveis, tomando uma cerveja em dois copos americanos comuns. É, era algo importante.

Já havíamos bebido umas três cervejas, talvez, e propositalmente resolvi ligar o ar-condicionado. Um pouco de frio cairia bem naquele momento. Conversávamos sobre filmes, arte, viagens que sonhávamos em fazer, coleções bestas que tínhamos – chaveiros, garrafas de cervejas antigas e ímãs de geladeira – e ríamos das coisas que tínhamos em comum. Eram várias. Sabe quando o encontro surpreende e você não quer que aquele instante termine? Sabe quando a pessoa é uma companhia tão gostosa que você se pega com uma cara de bobo, sorrindo à toa, se perguntando como não a conheceu antes?

Ela estava sentada no sofá com a almofada sobre o colo, como se tentasse se proteger de algo – se estou com vergonha, também me protejo com almofadas; seria um charme em comum? –, quando suavemente resolvi deslizar para mais perto dela. Coloquei as pontas dos meus dedos sobre seu joelho, olhei-a nos olhos e sorri como quem pergunta se ela já está pronta para uma aventura doida. E então, pela primeira vez, a beijei.

Beijei-a lentamente, como se pudesse aquecê-la do frio do ar-condicionado. Brinquei com seus lábios, ela brincou com os meus, e naquele instante, ainda de olhos fechados, de forma natural, lembrei como é gostoso viver um primeiro beijo. Sentir o primeiro toque dos lábios, guiar as mãos pelo corpo e ir descobrindo as curvas de um corpo desconhecido. Ver como é bom perceber que aquilo de fato está acontecendo, com quem um dia a gente tanto desejou, em um momento que eu não iria mais desejar esquecer. Primeiros beijos são assim: ou queremos esquecê-los ou guardá-los para sempre na memória. Mas um primeiro beijo sempre dá um frio na barriga especial, seja o primeiro da vida ou o com uma nova pessoa. E, muitas vezes, um beijo traz muito mais intimidade que sexo sem paixão.

Nós nos beijamos com intensidade, alternamos a condução do beijo, brincamos com as mãos em nossos cabelos. Em vez de primeiro, agora aquele parecia ser o último beijo das nossas vidas. E talvez até fosse. Nosso último primeiro beijo. Enquanto nos beijávamos, com a força que aquele momento pedia, puxei-a para bem perto e a coloquei no meu colo. Imediatamente ela encaixou as pernas em minha cintura, como quem sabia bem o que estava fazendo.

Ficamos em pé, fomos para a parede mais próxima, que ficava à nossa esquerda. Existem poucas coisas tão gostosas quanto beijar alguém como se o mundo fosse acabar. Nossos corpos estavam quentes, nossos sorrisos não tinham data marcada para terminar e a nossa vontade de ir para a cama era visível. Mas quem disse que precisávamos de uma?

Às vezes um sofá cai muito bem.

Minha menina do Rio

Esquina de alguma viela do Rio de Janeiro, um sambinha tocando ao fundo, uma roupa alegre e leve feito chuva de verão no fim do dia, um batom estou-nem-aí: minha menina do Rio, que delícia te encontrar!

Ao te conhecer percebi que você não era de se preocupar muito com roupas e, como eu, sempre veste as mesmas coisas, o mesmo brinco pequeno e delicado, o mesmo coração gigante, como aquela montanha de bagunça feita de trapos que você junta em um canto do seu quarto antes de sair de casa. Existe coisa mais linda que um coração feito de trapos? Um coração vivido, com alegrias e traumas que sobraram depois de amar, remendado de coisas que teriam tudo para ser e não foram.

Sem perguntar se podia, eu me apaixonei ao esbarrar em você, enquanto bebia uma cerveja naqueles copos de bar, em um boteco daqueles em que a gente nunca imagina que um dia vai entrar para beber algo e comer o pastel que eles dizem ser o melhor da casa. Eu sei que se apaixonar sem nenhum critério além do que manda o olhar e o pulsar do peito é coisa de gente louca, mas, graças a Deus, sei também que estou em plena harmonia das minhas funções, e sem dúvida não me importo em parecer insano, maluco, pirado feito cata-vento, desde que eu nunca perca a capacidade de deixar meu coração agir feito um completo idiota.

Quando vejo você vir caminhando, do jeitinho que sempre lembro, deixo o vento furtar todos os meus problemas. Não seria justo beijar você com algumas dúvidas na cabeça, não seria meu melhor beijo. Beijar você é um toque que faz contas na intimidade, que envolve carinho e uma canção da qual já compramos todos os direitos emocionais. Cantar pensando em você é uma brincadeira gostosa demais para não fazer com toda a verdade que há. Como alguém consegue amar sem cantar o que sente para quem diz que tanto ama? Cantar para quem se ama, sem desculpinhas de afinação e ritmo, é um presente sem embrulho, é deixar o interior gritar: "Ei, esse sou eu, eu te amo, me deixa cantar, me deixa vadiar e ser feliz declamando versos que não escrevi, mas traduzem tanto o que eu quero dizer." E eu canto e não perco essa parcela linda do amor!

Minha menina do Rio, falo sobre você comigo mesmo todas as manhãs. E quando você, no fim de tarde, se avizinha de mansinho no meu colo, tenho vontade de sumir. Sim, porque, quando estou muito feliz, fico com medo de tudo acabar sem aviso, de ser breve demais para eu não saber lidar com sua falta, com receio de nunca mais sentir essa coisa que me dá tanta alegria e vontade de viver. Quero esquecer que amanhã preciso viajar de novo, que amanhã de beijo só haverá distância. Por favor, a gente não pode se esquecer, como nos esquecemos de tirar a roupa para dormir quando chegamos cansados, mortos, do trabalho.

Então, antes de eu ir, dança um samba comigo? Mesmo eu não tendo destreza nem para lavar um talher sem me molhar por inteiro, seria tão gostoso aprender a dançar com você. Me ensina? É dois pra lá, dois pra cá, feito meu coração quando te vê me buscando no aeroporto? Eu não sei dançar, mas me deixa tentar. A tia Eulália ficaria muito feliz. Que delícia pegar na sua cintura enquanto a gente desliza e eu posso te lançar aquele olhar safado e doce, igual a um encontro de almas, sei lá, essas coisas que a gente faz quando ama, rodopia e dança uma música que fala tanto sobre nós.

Menina, vou demorar um pouco para voltar, mas reserve seus próximos meses para mim, para beber uma cerveja comigo na mureta da Urca? A gente pode deixar uma plaquinha com nosso nome por lá até eu voltar. Será que eles guardam um pedacinho da mureta só para nós? Sei lá, a gente conta para eles que a gente se ama... deve ser o suficiente. É, eu não sei quando vou ver você de novo, nem quando meu coração vai pular igual carnaval ao seu lado. Todo voo é uma nova despedida, mas sempre vou me lembrar do dia em que você me perguntou o que sinto por você. Não surgiram palavras, no máximo alguma onomatopeia composta por suspiro e riso.

Tentar explicar o que sentimos, quando nós mesmos nem sabemos, é algo muito grande para ter alguma resposta coerente.

Agora eu preciso ir, menina! Meu avião chegou. Poltrona 17B. Odeio sentar no meio, odeio turbulência, odeio lanchinho de voo e odeio ficar longe de você. Coisa minha. Antes de ir, só me deixa explicar uma coisinha... Sabe por que tanto chamo você de menina? Porque de mulher já basta seu olhar, seu beijo e o tamanho da minha saudade. Então deixemos essa doçura e essa leveza para o seu nome, para quando eu quiser gritar para você antes de partir para a próxima viagem.

Um último beijo, minha menina do Rio. Já estou com saudades!

Você está livre hoje?

Era sexta-feira à noite, eu tinha acabado de chegar de viagem e ainda estava no aeroporto com minha mochila e meus sempre enrolados fones, esperando para pegar um táxi. Olhei para meu celular para checar as novidades do mundo e escolher um restaurante, porque não tinha comida em casa, já que estava viajando havia dias. Ao pensar em um lugar que seria bom para jantar, meu sentimento foi de que seria melhor estar com mais alguém além da minha própria companhia. Seria ótimo poder conversar e tomar uma cerveja ou um vinho com uma pessoa que também quisesse estar comigo.

Na verdade eu me sentia exausto e um pouco sozinho. Sabe quando você só quer sentar e ter uma boa conversa, ouvir uma música, dar risadas e, caso aconteça, trocar também alguns beijos despretensiosos? Nada além disso. Chega uma hora na vida em que coisas simples assim são difíceis de encontrar.

Com o celular em mãos, resolvi enviar uma mensagem para uma mulher com quem eu sempre quis estar, mas que, por esses desencontros da vida, nunca aconteceu. Por ser sexta-feira, e já noite, fiquei receoso de ela pensar que a estava convidando por ela ser minha última opção ou que segundas intenções fossem as primeiras. Mas já éramos maduros e os convites, com a idade, também amadurecem.

Direto e breve como sempre, enviei uma mensagem: "Você está livre hoje?!" Ela, breve e charmosa como sempre, respondeu somente com uma palavra: "Sim!"

Gosto de pessoas decididas. Passei de táxi na casa dela e fomos a um restaurante árabe superaconchegante. Que bom que ela também gostava de comida árabe – amo charutinho de folha de uva! Entre comidas e vinhos, ela me disse algo muito interessante: "Eu sempre quis convidar você para fazer alguma coisa, mas pensei que você iria achar estranho."

Naquele instante, incrédulo sobre como uma mulher tão linda e graciosa (essa palavra a define bem) teria receio de convidar um homem tão comum quanto eu para sair, fiquei pensando: *Por que não convidar, já que a minha vontade poderia ser a mesma?* (Como, de fato, era!) Quem teve a brilhante ideia de que todos os convites, sejam eles para jantares ou para sexo, devem ser feitos pelos homens? Então vou contar uma novidade, algo que guardei por anos como meu mais íntimo segredo, e hoje, neste lindo dia de sol, resolvi revelar: para convites, não há gênero! Podemos convidar quem quisermos, a hora que quisermos e quando sentirmos vontade de fazê-lo. Até porque ficar esperando por um convite deve ser muito torturante.

Por que privar as mulheres de tomar a iniciativa ou julgá-las "modernas demais" quando também fazem seus genuínos convites? Qualquer pessoa que tenha a mente um pouco aberta sabe que convites feitos pelo coração (ou por outras partes do corpo que não esse órgão, mas que também nos dão grandes prazeres) são lindos. Mulheres que fazem convites demonstram uma segurança incrível, que deveria ser sempre aplaudida. Convites são trocas leves, em que pessoas se conhecem, dizem palavras umas às outras, lançam olhares, compartilham suas experiências, suas energias, e se conectam. Não consigo ver nada de tão complicado nisso.

Eu sei o que você está pensando: *Muito legal seu discurso, mas e se ele me achar atirada por convidá-lo para tomar um açaí?* Primeiro: convites para tomar um açaí deveriam ser irrecusáveis. Segundo: por que você gostaria de ficar com alguém que vai achá-la atirada só porque fez um convite? É só um convite, nada mais. O problema não está em você chamar, mas em o outro pensar que isso determina algo importante. Como li na internet esses dias e achei divertidíssimo: *Livre-se desse embuste!* Achar que o fato de uma mulher fazer um convite é algo que a desvaloriza é um pensamento muito triste de tão retrógado.

Convide. Sempre é hora de fazer um convite que passa pela sua cabeça. Só lembre-se de que o NÃO pode vir como resposta, e que faz parte de toda atitude que quer gerar um belo momento de felicidade. Quando você faz um convite, só não pode sofrer pela expectativa da resposta, como se não pudesse nunca receber um NÃO. Isso faz parte do jogo para ambos os lados, e não pode ser algo desencorajador. Arrisque-se! Depois você me conta.

E o que aconteceu depois do jantar?

A sobremesa, claro!

A magia do toque

Vou contar um segredo: sempre achei que algumas pessoas têm poderes nas mãos. Eu sei que pode parecer louco, mas o que nesta vida não é? Tive a sorte de esbarrar, e até amar, pessoas com um toque diferente, especial, um poder nas mãos, que mexia com o corpo e arrepiava a alma. Talvez transmitissem uma energia especial, que transcende o que é terreno.

O toque para mim é uma das coisas mais importantes tanto no sexo quanto no amor. As mãos têm uma magia linda que cria sensações únicas e inexplicáveis. Com elas contamos histórias e transportamos a pessoa que tocamos para dentro do nosso universo, nem que seja por um breve instante, para mostrar o que há em nosso íntimo. O toque é como uma conversa divertida e sincera, que flutua entre risos, e faz com que possamos narrar o que já vivemos e o que ainda gostaríamos de viver. Ele nos faz querer que o tempo não passe, e o relógio quase para mesmo, já que entramos em um momento que tem a duração do infinito.

Brincar de tocar no corpo de alguém, descobrindo e desvendando suas curvas, em uma oportunidade única de encontro, é uma das experiências mais gostosas que se pode viver. O toque atrai, conecta, traz proximidade e informações sem palavras. É a energia da intimidade pura fluindo entre duas pessoas.

Uma vez recebi uma massagem que eu chamaria mesmo de transcendental, feita por uma pessoa com quem me relacionei. Era a primeira vez que saíamos. Estávamos deitados, e ela começou a massagear minhas costas. Eu não havia pedido ou dito que gostava, nem ela anunciou o que iria fazer, tampouco pediu o mesmo em troca. Somente se sentou sobre minhas costas, me colocando de bruços, e começou a flertar com minha pele. Foi a coisa mais mágica que já senti, muito além de todas as loucuras sexuais que já experimentei. E não pela massagem em si, mas pelo que emanava das mãos dela.

Quando tocamos em alguém ou quando tocam em nosso corpo, transferimos nossa energia para aquela pessoa, deixando nela vibrações boas ou ruins. Deveríamos prestar mais atenção nas pessoas com quem trocamos energia, valorizando mais o toque, o beijo, os abraços, sentindo-os com verdade, com profundidade, e não apenas de maneira superficial. Não só na pele.

Não quero dizer com isso que não podemos nos entregar às aventuras da vida sem ter maiores compromissos ou que a intimidade exija amor. A magia do toque não implica necessariamente amar, mas está ligada aos relacionamentos, às relações – sexuais, afetivas, amorosas e até de amizade – que façam sentido, que tenham verdade e que tenham uma energia mútua.

É como se elas precisassem viver juntas aquele momento, sem se preocupar com o tempo de entrega, apenas com o que há em um toque, seja por ter demorado um breve instante ou por ter perdurado por anos. Porque quando estamos nessa energia mágica, não precisamos nos preocupar com o tempo, já que o toque faz tudo parar.

Nossa história nunca teve um fim

Sempre me vi como um garoto bobo, sorridente, feliz, por minha alegria pessoal, que gosta de coisas simples e que raramente se importa com dinheiro – mesmo que minhas maiores paixões sejam viajar e comer. Sempre tive facilidade em ser feliz com pouco: um DVD antigo, uma notícia boa, um violão sem corda na casa de um amigo, um beijo estalado, um abraço de despedida, uma foto boba a dois no elevador.

Ela, luz no sorriso, menina, mulher, estrela que brilha deitada no jardim, um presente que a gente guarda até o embrulho, no meu amor foi tubo de ensaio. Testou minhas alegrias e meus medos, até onde eu poderia ir e me jogar por amar alguém. Olhos pequenos, um coração feito melancia, doce, grande, mas com algumas sementinhas amargas – trauma que a gente tira ao amar.

Hoje me lembro dela e me deixo perfurar pelas lembranças que se instalam. Por mais que poucos acreditem, eu tinha um amor, uma mulher de quem gostava. Sem arrependimentos ou questionamentos bobos como "Valeu a pena?", eu me perdi por ela, a envolvi no meu mundo, abri meus mapas e a deixei conquistar cada continente que havia por aqui. Nessa nossa viagem, alguns barcos afundaram, outros perderam o rumo, e alguns bons e poucos ainda sobrevivem dentro de mim.

O tempo passou e hoje não me pergunto mais por que ela não voltou ou se ainda sente saudade, mas sim por que não ficamos juntos. Onde foi que a gente deixou desandar algo tão bonito? Ou fui eu que errei e não percebi? Nunca sei o que responder. A gente combinava tanto: o beijo era primavera, o sexo era verão, e o carinho, um inverno sem fim.

Há algum tempo, voando alto nos clichês, falei que sem ela não conseguiria mais viver. Sem ela, infelizmente, não haveria paz dentro deste coração que toda noite chorava de mansinho. Por um bom tempo fiquei triste, perdido, sem rumo, desnorteado, desde o último adeus. Sem muitas opções, tive que me reerguer – charmes da vida. Mesmo estando bem, depois de tanto tempo, há dias em que a saudade ainda aperta, sai pela boca, nos contorce entre as cobertas.

Dentro de mim ainda sinto, na loucura e no egoísmo, que talvez ninguém vá gostar dela como eu. Na verdade, para mim, o mais triste é ter consciência de que nossa história nunca teve fim. Foram vários e breves finais, tão sutis que nunca percebi em que momento a gente decidiu mudar de caminho. E, quando me perguntam o porquê de não termos ficado juntos, eu me calo e balanço a cabeça, como se estivesse pensando sobre isso há anos e, sem perceber, respondo: "Não sei."

Dizer "não sei" quando se trata de amor é sempre uma resposta pobre. É uma dor que não se entende, uma aventura que não se vive. Mesmo lembrando com carinho da nossa história, eu não sei o que aconteceu, onde o tesão se escondeu, nem onde a gente disse adeus e esqueceu de se abraçar.

Amores feitos à mão não podem acabar com um sopro. Ou pelo menos não deveriam. A gente construiu tanta coisa, viveu tantas histórias que serão lindas de contar, e é difícil engolir a dúvida do que seria e não foi. Ela foi minha melhor notícia, um sorriso torto que endireitou o meu eixo cabeça--coração, um presente que desembrulhei e cujo papel guardei, na esperança de um dia servir para algo.

Embrulhos bonitos sempre merecem ser guardados. E eu guardei. Indiscutivelmente, continua sendo um papel muito bonito, cheio de desenhos e saudades, mas que ainda me faz questionar: *Por que não ficamos juntos?*

Chegadas e partidas

Acho espetacular como assisto e vivo amores incríveis no aeroporto. Nesse lugar, a gente percebe que despedidas são como laços que sufocam, mas que, no fundo, libertam os que vão.

Não existe nada como um abraço de despedida antes de uma viagem. Céu azul, límpido, beijo e abraço sabor chocolate meio amargo. Quando a gente gosta de verdade, dizer adeus é sempre um peso inversamente proporcional ao sorriso de quem chegou para dizer que nos ama. Esperar quem se ama é grande, é alegria sem dono, uma mensagem de bom-dia sem protocolo. Amar é do mundo. Todos temos direito.

Nas chegadas e partidas, todos somos inocentes e frágeis. Reféns dos céus, nas viagens não somos donos de nenhuma razão. Não temos a autonomia que desejamos e, como na vida, as pessoas vão embora sem que tenhamos poder de escolha. E nem deveríamos. Os voos atrasam, são cancelados, e eles, os deuses dos aeroportos, brincam de nos dizer em voz alta: *A gente manda aqui, fica quieto e espera.*

No aeroporto vejo o amor que nem sempre consigo ver no mundo. Pessoas ansiosas e com um medo imenso da solidão esperam um adeus que não virá. Famílias inteiras que carregam uma saudade enorme e alguns mimos da pessoa que está por chegar contam os minutos para dar um simples abraço de boas-vindas. É um lugar de magia se for visto com poesia. São nossos olhos que fazem o mundo e que criam pontos de alegria na mesmice da vida. Nesses longos anos de tantas viagens, vi muita coisa: amores que partiram rindo para não se magoarem ou chorando pois não havia opção, e histórias lindas que eu gostaria que fossem minhas.

Aprendi, somente abrindo um pouquinho os olhos, que não existe sensação mais bela que viver cada emoção como se fosse um último e verdadeiro abraço de despedida e desfrutar da emoção do presente, de coração, sem receio da intensidade da entrega. Mensurar quanto a gente deve se entregar é uma perda de tempo muito grande para a duração do voo que temos aqui na Terra. Um abraço de aeroporto é um adeus momentâneo que leva muito da gente, mas que nos faz descobrir que a solidão da separação é a solidão da vida. É um eterno desconhecer. Ali somos todos sozinhos, esperando o destino, o amor e uma esperança.

Amar é do mundo. Todos temos direito.

A mera possibilidade de ser feliz

Às vezes sinto saudade de coisas que não vivi. Não sei se posso chamar isso de *saudade*, mas, como posso inventar nomes para meus sentimentos, prefiro assim. Mesmo que não tenha vivido ou sentido coisas na pele, vivi na imaginação e no coração. Quem disse que a gente não amou só porque não aconteceu?

Sentir saudade do que não foi vivido é algo que costuma ocorrer com pessoas que sonham muito. É também típico de quem vivencia sozinho, mentalmente, suas histórias, talvez com medo de realizá-las, de dar o primeiro ou o próximo passo, para ela acontecer na vida. Por que será que não realizamos nossas histórias e ficamos com essa estranha saudade do que poderia ser e não foi? Será que é medo de não ser aceito? É bem provável. Que triste pensar que deixamos escapar alguns momentos de provável felicidade por causa de um medo que nos paralisa, e que nem faz questão de nos dar motivos ou explicações para isso.

Fatos não vividos muitas vezes geram saudades imaginárias piores que as reais, sentidas por pessoas que já passaram por eles, amaram e tiveram experiências. Na saudade do que não aconteceu, criamos sonhos, imergimos em uma realidade impecável e, sem ter vivido aquela oportunidade, imaginamos que tudo seria perfeito caso acontecesse. E parece que a vida que a gente não viveu, o caminho que não trilhamos, sempre é mais belo, florido e ameno. Mas isso somente acontece na nossa imaginação fértil, na qual cada detalhe é como desejamos que seja. Na vida real não é assim, claro.

Gostar de alguém ou de alguma coisa e não agir para conquistar é uma covardia com nossos sentimentos. Deixamos a imaginação completar a história e transformamos tudo em uma mera possibilidade de ser feliz. Muitas vezes ficamos satisfeitos somente com essa mera possibilidade. Só que com o tempo e com a coragem que a maturidade traz, a gente se lembra e sente saudade dos momentos que deixou escapar por besteiras.

E como a gente faz para não sentir saudade do que não aconteceu?

O melhor é viver sem tentar antever as frustrações que podem (ou não) acontecer. É entregar-se ao momento sem medir consequências. E nunca, *nunca*, deixar de dizer que ama alguém, pois, no dia seguinte, já pode ser tarde demais. Quando há amor, as palavras engasgadas de hoje serão a doida saudade de amanhã, de algo que você não se permitiu viver.

Contra a parede

Os olhos dela estão fechados, como se seus desejos dependessem da escuridão para se realizar. Suas mãos abertas contra a parede procuram um lugar de apoio. O cabelo, sempre insistente, tenta entrar em sua boca, por mais que eu me dedique a tirá-lo dali. Ela, safada como a conheci, enquanto faço isso, morde e chupa levemente meu dedo de um jeito especial. Estamos sozinhos na minha casa, transando loucamente na frente do espelho do corredor, mas estou tão apaixonado que tudo o que vejo é a beleza de cada movimento nosso, por mais erótico que seja.

É tão gostoso se apaixonar! Fico muito perdido, mas amo essa sensação de roda-gigante que meu mundo ganha, e por mais que eu possa sentir aqui de cima o perigo da queda, que é grande se acontecer, desejo que tudo continue assim.

O reflexo de nossos corpos juntos, nus, sincronizados, como se fôssemos um só, é a coisa mais linda que vi nesses últimos meses, que foram bem difíceis para mim. Obviamente, não vou parar o sexo e quebrar o clima para lhe dizer isso agora, mas vou guardar essa imagem na minha mente e usá-la como provocação da próxima sedução.

Coloco os cabelos dela por cima do seu ombro direito, me aproximo lentamente beijando suas costas na intensidade que suas curvas pedem, e encaixo minha cabeça em seu ombro esquerdo. Ela abre os olhos brevemente, só para espiar se estou de olhos abertos ou não, e fecha outra vez, virando o rosto para me beijar. Seu sabor é adocicado, molhado na medida certa. Como se estivesse arranhando minha boca, ela brinca de deslizar os dentes pelo meu lábio inferior. Aceito a brincadeira e termino de entrelaçar nosso beijo. Ela franze a testa e passa a mão pelo rosto, como se quisesse me lembrar que minha barba causa uma leve irritação em sua pele suave. Entendi. Depois pensamos nisso.

Pouco a pouco, nosso ritmo vai aumentando, e nos mexemos como se quiséssemos tirar peças de roupas que já não estão em nós faz tempo. Resolvo virá-la e colocá-la em outra posição, de costas para o espelho. Quero nos observar por um novo ângulo. Ela decide que não quer e oferece resistência. Nós dois podemos e devemos mandar nesse jogo. Então, determinada, coloca as mãos no meu peito e me empurra contra a parede, agachando-se lentamente, sem tirar seus olhos dos meus, e já deslizando suas mãos pelas minhas coxas...

Já disse que estou apaixonado?

Somente uma aventura

Um dia, um homem repleto de tristeza entregou seu coração para uma mulher que também carregava enormes mágoas. Os dois temiam o amor, mesmo sem saber o que viria após o primeiro beijo. Quando ele a conheceu, disse que não queria se envolver muito, que queria somente viver aventuras, já que são sempre felizes.

Ela, assertiva, também avisou que só queria viver bons e leves momentos e deixou-se levar pela situação nova e revigorante. Os dois sempre deixavam claro um ao outro que gostariam de ter liberdade, já que haviam sofrido em um passado não muito distante, e que queriam seguir assim, só aproveitando o momento, sem expectativas ou cobranças.

Ela sempre foi uma mulher alegre, cheia de vivências bonitas, mas que, por causa de alguns tristes acontecimentos, começou a perder a esperança não apenas no amor, mas também nas pessoas à sua volta. Entre turbulências e calmarias, ela já havia ficado com outros homens, mas nunca quis nada além de breves momentos de descontração.

Ele sempre foi um homem solitário, daqueles que você quer saber o motivo que ainda o faz ficar sozinho, e que, como característica nata, sempre deu pouca abertura para que as pessoas entrassem em sua vida. Mesmo já tendo se relacionado com várias mulheres muito diferentes, nunca conseguiu preencher o grande vazio que carregava no peito.

Os dois foram aproveitando cada instante, cada música que ouviam e cantavam juntos no carro, cada jantar descompromissado e cada sexo casual, como se todo novo amanhã pudesse ser um novo adeus. Riam e se beijavam entre as ruas e as festas em que se encontravam. Se um sabia que o outro estaria no mesmo lugar, fingiam ser por acaso, e se enganavam muito para se proteger de sentimentos que começavam a habitá-los aos poucos.

Algum tempo depois, as músicas que tocavam no carro já haviam sido decoradas, o jantar descompromissado tornava-se um programa com amigos, e o sexo pouco tinha de casual e descompromissado. Todos perguntavam se estavam namorando, e os dois, certos de que sabiam o que estavam vivendo e de até onde esse sentimento chegaria, respondiam que estavam só saindo, se conhecendo e se divertindo.

Acreditavam piamente que tinham controle sobre o que sentiam. Pensavam que estavam conseguindo se esquivar das dores que um amor pode causar. Mas, pouco a pouco, um foi injetando doses diárias de amor no outro e, sem perceber, entrelaçaram-se no que mais temiam. Já ficavam juntos na maior parte do tempo, não se desgrudavam e repetiam incessantemente que estavam felizes. No fundo, como todos os que dizem não querer amar agora, tudo o que eles já estavam fazendo era amar. E só por isso omitiam cada sinal, deixando sempre o peso da dúvida no destino, que sempre alivia os ombros.

Eles se amavam, todos sabiam. Menos eles. Ou ainda fingiam não saber. E todos fingiam acreditar. A ignorância é, muitas vezes, importante no amor genuíno e eufórico. Vê-los juntos, trocando olhares cheios de amor e carinho, era bonito demais. Mas, é claro, eles insistiam em dizer que era somente uma aventura. Só não sabiam ainda que era uma aventura de amor.

Coleção de fragilidades

Todos carregamos algum buraco dentro de nós. Uns são mais fundos que outros. Alguns são nas costas, outros nos ombros, muitos no coração. Esses buracos são feitos de histórias e de pequenos traumas que, muitas vezes, até nos passam despercebidos: um esquecimento da família ali, um relacionamento mal resolvido ou abusivo acolá, um algo diferente que a gente não deixou para trás, uma mágoa que não dividimos com ninguém por receio de receber um olhar de estranhamento, uma saudade que por anos fingimos ser besteira, um medo de se entregar ao amor, à vida e às pessoas. Coisas muitas vezes aparentemente pequenas por fora, mas que, com o passar do tempo, crescem e se transformam em gigantes por dentro, abrindo em nós verdadeiras crateras.

Apesar de até saber que temos esses buracos, nem todos conseguimos ver sua real profundidade. Um pouco por falta de autoconhecimento ou talvez por um apavoramento enorme de olhar para dentro e admitir que não somos tão belos assim. Ou medo de nos acharmos fortes e seguros de nossas vontades e fraquezas, mas no fundo termos uma coleção de fragilidades.

Conheci muitas pessoas aparentemente bem-resolvidas que colocavam suas "não frustrações" como troféus na prateleira, dizendo, em alto e bom som, que não sofriam, que tinham facilidade para esquecer os outros, as mágoas, as tristezas e o pânico. Elas realmente achavam que não sofriam, que tinham domínio das próprias emoções e que o mundo é que era cheio de mágoas ambulantes.

No entanto, depois de vivenciar algum sofrimento inesperado, passavam a dizer, com aquele olhar desacreditado, que não havia amor no mundo ou que eram as outras pessoas que não sabiam amar como elas. Pobres coitadas! Muita gente não sabe sofrer, mas quer conseguir amar como se não houvesse amanhã. Quer entregar somente metade de si, mas quer que os outros se entreguem por inteiro. Convenhamos: amar nunca pode ser injusto ou desigual.

Com o tempo e o chacoalhar da árvore das verdades absolutas, a gente percebe que acumular sofrimentos para depois os colocar na caixinha do "depois penso nisso" não é, nem nunca foi, uma saída inteligente. De nada adianta dizer que não sofre, que tem certeza das escolhas, para, quando já for tarde, chorar, pedir para voltar, ficar com saudade da família, das amizades, das memórias que descartou sem dó. Aí essas pessoas se empertigam, estufam o peito e tampam os vazios com outros vazios: relações vazias, beijos vazios, saudades vazias, argumentos vazios e mais algumas formas supérfluas de mostrar ao mundo que estão bem, que são bons no que fazem e que merecem aplausos. No fim das contas, não aprenderam nada e continuam com as mesmas verdades absolutas, colocando a culpa nos outros e na forma como o mundo distribui seus momentos de amor.

As tristezas, as carências, os medos e as inseguranças que duram por anos, muitas vezes mascarados, são sempre um buraco que a gente não preencheu com o amor, o cuidado e a atenção necessários. Tapar o buraco com aquele tapete velho que guardamos debaixo da cama, com medo de calcular sua profundidade, é uma solução de gente fraca, medrosa, mas que acha que é forte e que tem domínio dos demônios que nunca abraçou.

Sinceramente, não confio no amor de pessoas que não sabem ser vulneráveis, frágeis, entregues. Essa é a palavra: vulnerabilidade. Não há como amar sem se livrar das armaduras, do medo de os traumas se repetirem, do pavor do buraco ficar cada vez mais profundo. Amar com segurança é uma contradição. Amar é se entregar por inteiro, mostrando também suas fragilidades, sendo vulnerável. E ser vulnerável é deixar um espaço aberto no peito para preencher com coisas importantes e bonitas. Quem não vive as tristezas com vulnerabilidade nunca saberá viver as alegrias com verdade.

É, a gente se engana para não encarar muitas dores, mas só aqueles que sabem sofrer amam com verdade. Quem sabe ser vulnerável é muito menos frágil do que quem hasteia a bandeira de um desapego que, no fundo, a gente sabe que não existe. Enfrentar os medos, os amores passados e as desculpas que a gente dá para fingir que é feliz, isso sim é coisa de gente corajosa.

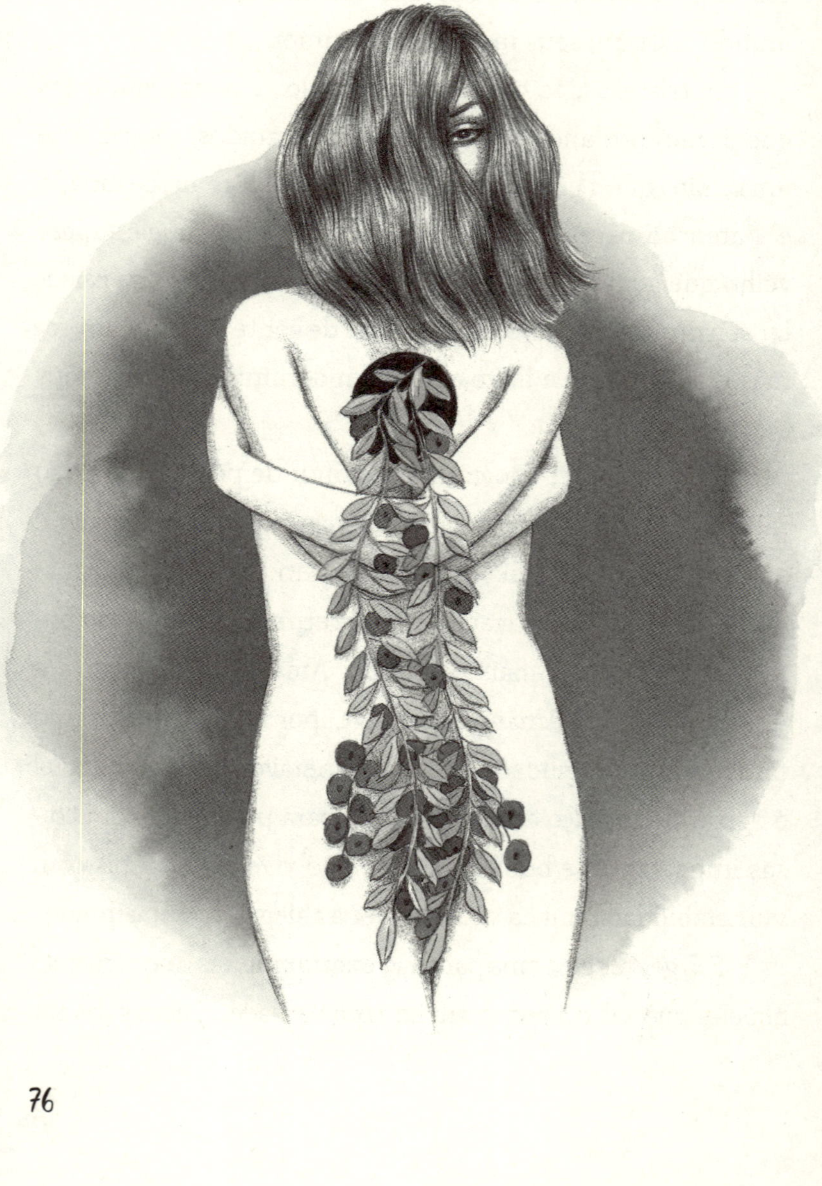

A concha com medo de perder a pérola

Ela sempre foi de sorrir muito, como se vivesse todos os dias em um eterno carrossel, um sorriso diferente a cada volta e um medo maior da próxima. Quando conversávamos, me contava que não conseguia dizer o que sentia para quem tanto amava. É engraçado porque, dentro dela, não havia sinais de vergonha ou medo da falta de aprovação. Mas quando alguém me diz que não sabe demonstrar o que sente, me soa como uma confissão, um pedido de ajuda. Quem fala isso é porque está sofrendo, mesmo que às vezes não saiba.

Ela pode ser João, Pedro, Carolina ou Juliana. Ela é o medo de sentir uma alegria que nunca sentiu, ou que sentiu e perdeu às vésperas de se tornar indelével. Ela é a vergonha de ser, como muitos dizem, vulnerável ao amor ou, em casos mais graves, uma conversa estreita entre o sentir e o orgulho de demonstrar, mesmo que ela não admita. Ela é um medo do tamanho do mar-profundo, uma concha que, de tão fechada, ouve de todos que é durona, quando no fundo só tem pavor de perder a pérola que guarda em seu interior.

Quando dizemos, da maneira que for, nossos sentimentos para quem amamos, envolvemos aquela pessoa no nosso universo de modo único, englobando tudo o que há em nós: os afetos e os desafetos, os defeitos escondidos e os aparentes, as manias e as loucuras. Omitir do outro nossas peculiaridades seria uma maneira muito pobre de amar. Quando sentimos que, além de pulsar, o coração também formiga, queremos dividir com o mundo, gritar, olhar nos olhos e, sem medir a duração das palavras, transportar as formigas que ali vivem para também conhecer o coração do outro.

Poucos sabem, mas existe uma parcela da vida muito bonita que permeia o dizer e o sentir. Sentir é maravilhoso, criamos dentro de nós lugares que nunca imaginamos, profundos, ricos, nossos. Só que, quando confessamos o que sentimos, transportamos nossos amores para um tapete mágico que pode nos levar aonde quisermos. Ver a alegria de quem a gente ama estampada no rosto é um prazer muito maior do que "só" amar por amar. Ter a sensação de estar amando é algo pequenino perto da euforia de dizer ao outro que ele está sendo amado.

Ela ainda não descobriu como é divertido dizer, sem pudores, o que sente e, pela linda mania que a vida tem de distribuir seus momentos, ganhar em troca um sorriso de reciprocidade. É como um bom-dia com café quentinho e abraço com gosto de para sempre, mesmo que de eternas sejam só as lembranças. A verdade é que a gente perde muito tempo com medo, perde amores, sensações únicas, sorrisos únicos, por achar que não consegue. A gente se perde em saudades que, por sua vez, também serão únicas.

Querer ouvir tudo mas não falar tudo o que se sente é injusto tanto com os amores que passam quanto com os que ficam. *Eu te amo, eu adoro estar com você, foge comigo, estou tão feliz que você está aqui, desce rapidinho, estou com tanta saudade* são palavras que soam feito bálsamo para a alma de quem convive conosco. Uma pena ela não saber disso e não se enfrentar para descobrir como é louco e gostoso esse mundo das palavras que soam feito música.

Sorria como ela, mas não deixe de dizer o que ela quis e não conseguiu. Seja diferente, e olha que nem precisa sair daquele carrossel cheio de alegrias em que ela vive, onde há espaço para todos os medos. Ela não sabe o que está perdendo, mesmo que já tenha perdido muitas coisas.

Ah, se ela soubesse como o tempo passa! Ah, se ela soubesse como a dor de não falar amarga a vida! Ah, se ela soubesse como as próximas voltas dão muito mais medo! Então, para que amar a saudade de um dia se a gente pode amar e falar do amor de agora?

De corpo e alma

Eu não sei demonstrar sentimentos de forma convencional, lide com essa bucha (falar "bucha" é coisa da minha mãe, que usa essa palavra como sinônimo de contratempo). Sentimentos são também pequenas "buchas" diárias, que flutuam organicamente dentro de mim, mas pegam pouco impulso para sair pela minha boca. Eu nasci assim, é coisa minha e da minha família, que abraça e depois já pede para soltar com tapinhas nas costas de "Chega, já deu desse carinho melado" e adora dizer que eu não sou como os outros. Eles são tão "meigos"... feito um lindo e cintilante pedacinho de tijolo.

"Você gosta de mim?!", questionou ela esses dias. Obviamente, como sempre faço, estufei o peito e respondi que não. E ainda completei: "Você dorme na minha casa três vezes por semana, cozinhamos juntos na aventura de que, com certeza, se nada der certo, teremos que comer pizza congelada. Sempre sou o encarregado da árdua missão de comer sozinho todas as azeitonas. A gente ri da gente, dos outros, do mundo, da geladeira que não acendeu a luz quando abrimos de madrugada, e temos certeza de que é culpa de um espírito de algum antepassado. Rimos da maneira como você fala 'xoxonês' quando está escovando os dentes com a boca cheia de espuma, e conversa comigo como se eu entendesse alguma coisa... e eu entendo. Eu te mando mensagens no fim da tarde perguntando o que você gostaria de comer à noite, pois, felizmente, consegui sair um pouco mais cedo do trabalho e já estou no mercado, pode escolher o que quiser, hoje eu cozinho pra gente! Mordo sua orelha quando estamos no cinema, finjo não ter lido alguns livros só para ver você falando deles como se fossem algo inédito, seus olhos brilham, é um momento tão bonito que curto devagarinho. Mas, claro, só faço isso tudo com pessoas de quem eu não gosto, pois, no fundo, só quero roubar seu rim e vender no mercado negro. É tudo um plano. Por que você acha que eu adoro hotéis com banheira?"

Eu sei que você quer ter certeza dos meus sentimentos por você. Eu sei, eu sei. Quem não quer? Ouvir que se é amado é uma delícia sem fim, mas, pelo menos um pouquinho, deixe-se levar por sua sensibilidade e observe como eu olho você com todo o amor do mundo. Meu olhar fala, grita, soletra sentimentos, traz você para o meu mundo todos os dias. Cada um demonstra o que sente à sua maneira, com atitudes, pequenos gestos, detalhes, beijos que adormecem, mensagens aleatórias perguntando coisas que só quem gosta quer saber. Ou por acaso o Dênis, aquele seu ex-namorado que ressurgiu das cinzas depois de dois anos, manda alguma mensagem perguntando se você quer que leve uma caixinha de chá Twinings de hortelã, pois, por coincidência, ele está no mercado e lembrou de você? É, eu também acho que não.

Não é porque não falo dos meus próprios sentimentos com a frequência que o mundo cobra que eu não estou de corpo e alma com você. Então, sei lá, me conta dos seus problemas, dos seus sonhos, divide uma barra de chocolate meio amargo comigo de madrugada, pede para eu fazer brigadeiro, e me obriga a preparar no fogão, porque sou preguiçoso e provavelmente vou cozinhar no micro-ondas, me morde, me beija, me esconde do mundo, faz o que você quiser comigo. Por favor, só não duvide de quanto gosto de você. Até porque você sabe bem que eu só compro chá pra quem eu gosto.

Eu te amo. Mas que tal cada um morar na sua casa?

Depois de alguns anos morando sozinho, não me imagino mais dividindo a casa com alguém. Na verdade, consigo me imaginar participando de uma pré-seleção para ser astronauta em alguma daquelas cidadezinhas interioranas dos Estados Unidos, mas não consigo pensar na ideia de ter alguém me perguntando por que meu tênis ainda está no meio da sala. Quanto mais a idade passa, mais as manias entram em ebulição, as invasões de privacidade soam piores, e o pavor de ter alguém deixando a pia do banheiro suja com pasta de dente me faz entrar em parafuso.

Viver com outra pessoa é algo que intimida, pelo simples fato de que sou tão feliz, mas tão feliz, sozinho que me assusta a possibilidade de alguém invadir meu espaço.

Sempre que uma relação amorosa chega a esse patamar, entro em crise. E se eu não curtir, posso mandar a pessoa embora em duas semanas? Será que ela ficaria chateada? E se ela começar a congelar a comida em potes de sorvete? E se ela começar a me questionar por que faço a barba dentro do chuveiro? E se eu chegar em casa e ela estiver de pijama no meio da sala tomando sopa de legumes?

(Por Deus, se existe algo a que tenho enorme aversão são pessoas que tomam sopa. A não ser que estejam doentes, claro. Porque eu quase sempre chego em casa alegre, pulando, com vontade de beber uma cerveja, rir, sair, comer algo gostoso em um restaurante, saltar de asa-delta em uma terça-feira no fim da tarde, fazer sexo no parapeito do prédio... mas se eu vir a pessoa ali, tomando sopa, vendo novela, com aquele pijaminha comprido de desenho às oito da noite, definitivamente vou achar que não é para mim. Sou muito vibrante para dividir o leito com alguém que toma sopa.)

Sempre achei muito mais gostoso cada um ter o seu cantinho. Pela liberdade, pela falta de rotina, pela sensação gostosinha de falar: "Vem aqui? Quero te ver"; "Dorme aqui comigo!"; "Passa o fim de semana aqui?"; "Fica, eu faço um café da manhã para a gente". Eu sei, um dia a relação terá que avançar e criar raízes, mas, até lá... *fica aqui comigo no fim de semana*?

Com o tempo, a gente percebe que, para viver o amor que idealizamos, precisamos entender que se relacionar é viver uma eterna renúncia. Ceder um pouco aqui, um pouco ali, fazer uma concessão quando quer, quando não quer. Por outro lado, a gente também aprende que, para realizar nossos sonhos, precisamos de solidão. Precisamos concentrar uma energia que nos consome integralmente quando buscamos nosso objetivo: a realização do que mais queremos na vida, das nossas metas.

Essa alegação de que é possível realizar os sonhos pessoais a dois, para mim, é irreal. Alguém terá que ceder, alguém terá que encaixotar seu próprio sonho em prol do sonho do outro. Por agora, não consigo fazer isso. E acho injusto que outra pessoa o faça; não posso apagar o brilho do sonho dela. Parece egoísta, parece mesquinho, e pode até ser. Mas quem disse que para realizar nossos sonhos a gente não tem mesmo que viver fases egoístas?

Para viver um amor daqueles que a gente idealiza, que envolvem filhos, cachorros, decoração com móveis de jatobá comprada em uma lojinha de praia e uma sogra que passa o fim de semana na sua casa questionando seus hobbies, é preciso disposição. Não é uma decisão de final de semana. Não é algo que a gente faz por obrigação ou pressão. É algo que pede, em conjunto, o consentimento do coração e da razão. Coisa que a essa altura do campeonato eu não tenho. Estou em uma fase de descoberta, de viajar, de ganhar dinheiro, de construir minha carreira, de transar no aeroporto, na escada, na rua, na chuva, na fazenda ou numa casinha de sapê. Essas coisas.

Claro que não almejo ficar sozinho para sempre, até porque seria um desperdício! Seria triste pensar que porventura alguém neste mundo estaria perdendo o melhor brigadeiro de panela do universo, modéstia à parte. Mas, um dia, sem pestanejar, espero mudar de ideia e de disposição, por alguém que invada a minha casa de uma maneira que eu não consiga mais pensar em pedir para sair em duas semanas. Desde que, obviamente, ela não deixe a pia do banheiro suja de pasta de dente e, por favor, não tome sopa de pijama, que eu não sou de ferro.

Beijos nas costas

Sensível ao coração, hoje estou à mercê de mais uma daquelas noitinhas em que a gente fica refém de uma música romântica, de um abajur e de uma lembrança. Para apaziguar as memórias que voltam como turistas insistentes na minha vida, sento no meu quarto para registrá-las. Na minha mente está uma história vivida com uma pessoa, mas não tenho certeza se ela gostaria de saber que estou escrevendo algo sobre isso. Na verdade, nunca sei se posso invadir mais uma vez o que tivemos juntos, assim, sem um sorriso de aprovação. Mas, tudo bem, agora é apenas uma história registrada em palavras.

Enquanto brinco de descrevê-la com as pontas dos dedos, não posso deixar de pensar em como era bom e intenso quando íamos para a cama. Na verdade, nosso carinho nunca esteve envolvido com o beijo, nem com a maneira como a gente se pegava no corredor, mas no respeito de sabermos nos "desrespeitar" como ninguém. Sempre havia respeito, mesmo que não houvesse, e por isso a gente ultrapassava limites. Recordo, melhor do que deveria, que durante o sexo eu a olhava nos olhos e, sem receio do que o mundo esperava de nós, a chamava de *putinha*. Sim, falava à queima-roupa. E ela adorava. Brilhavam seus olhos feito quando a gente mergulha no mar de cabeça.

Ela adorava beijos nas costas. E, convenhamos, beijos nas costas são os melhores deslizes que a gente pode cometer: descem de forma orgânica, arrepiam de maneira inconstante e lembram como é bom sentir prazer com quem a gente confia. Nunca se sabe se é uma massagem, um carinho ou uma forma safada de antever a delícia que é te comer todinha. No nosso caso, a confiança não era uma variável de tempo, mas de olhar, de sensação de entrega, tudo sem direito a devolução.

Adorava não precisar pedir permissão para nada, porque era uma liberdade já conquistada. Com a barba eu brincava de deslizar pela parte interna das suas coxas e, sem piedade, mordia como quem beijava. Morder a parte interna das coxas era sempre uma forma gostosa de retribuir os arrepios que ela me proporcionava.

Sem permissão e sem palavras ditas, nossos corpos entendiam muito bem nosso diálogo gestual: "Me beija com estalinho? Me deixa desembrulhar o presente que é a sua nuca. Se entrega sem se preocupar com o endereço. Vem ser meu ano-novo? Pousa sua intimidade na minha, tira minha roupa feito quem não precisa mais dela. Me deixa dizer que a sua risada deveria tocar na rádio? Se doa feito louca e se liberta do peso dos antigos amores. Rebola em mim e faz o que quiser comigo, mas, por favor, não deixa de me olhar nos olhos, não quero perder você no caminho! Ria quando quiser, que eu rio junto. Geme fácil, eu gosto. Olha nos meus olhos e me encontra. Me deixa te lambuzar de amor, de suor, de toques... A gente veio aqui para se misturar e, se necessário, morrer na cama, na praia, na intimidade um do outro; só não vá embora sem dizer que não morreu comigo."

Ela queria ser juíza e me contava isso desassossegada, como se sentisse culpa por ser tão diferente no trabalho e na cama. Mas quem disse que ela não poderia ser juíza e também a minha putinha? As pessoas não são feitas com receitas, não são caixinhas que se separam por sabor, textura e competência. Cada pessoa tem uma pluralidade, um interior que grita e pede dias de tapa na cara ou de beijo na testa.

Ela podia ser tudo o que quisesse, e a mim, como companheiro, amante e amigo, só me restava apoiar, sorrir e amar. Deixemos os julgamentos para aqueles que carregam a pobreza de se limitar. Ninguém precisa ter vergonha de sentir prazer. A gente é livre para voar entre a magia de um lençol e de um rebolado daqueles que – que delícia! – não há necessidade nem de colocar as mãos.

Olhe nos olhos, não no espelho

Vocês começam a se beijar, se devorando em uma cama sem cobertas, e vão tirando as peças de roupas com pressa, como se o mundo estivesse prestes a acabar. Você torce em silêncio para ele (por favor) tirar também as meias e deixa que sua imaginação sem censura a leve a lugares onde o sexo reina e tudo pode acontecer. Arrepios se tornam incontroláveis, você beija o pescoço dele, ele arranha levemente suas costas, até que, de repente, como se fosse o auge da atitude de um homem bom de cama, ele pede para você ficar de quatro.

Você fica um pouco apreensiva, pois acha que ainda não é o momento para essa posição, sentindo que ainda deveriam haver mais preliminares, beijos, provocações etc., mas tudo bem. Ele vem decidido e começa a fazer movimentos cada vez mais fortes, como se estivesse impressionando você, mas você ainda está pensativa, tentando entender aonde ele gostaria de chegar. Crente que isso seria somente o início de uma deliciosa noite de sexo, ele a surpreende novamente e fica nisso até o fim. Fim só para ele, aliás. Foi bom para você? É isso. Acabou.

Clássico caso de homem sem sensibilidade na hora do sexo, esse tipo acredita que, assim como na academia, foco e força combinam com resultado e desempenho. Mas sexo não tem nada a ver com isso. É uma troca de sinais e, para senti-los, é necessário ter sensibilidade, que não é a mesma coisa que sentimentalismo. Em uma relação gostosa, a sensibilidade é a base para perceber as vontades de quem está com você e, principalmente, os desconfortos.

Homens que se inspiram em filmes pornô para transar certamente pouco sabem sobre sexo. Acreditar piamente que aqueles filmes traduzem as reais vontades de uma mulher, como se a transa fosse somente uma repetição de movimentos, gemidos altos e troca de posições, ou como se a mulher fosse um objeto de malabarismo, é irreal e desmotivador. A pegada, o beijo, os carinhos, as carícias e até as ousadias precisam de *timing*, de encaixe e de consentimento mútuo, e essa negociação muitas vezes acontece somente com o olhar. Para decifrar olhares, precisamos de sensibilidade, empatia e atenção, e não de um mapa.

O sexo da pornografia, com movimentos fortes e animalescos, por trás, de quatro, com cobranças de gemidos irreais, com um vaivém performático, não é a fórmula nem um passe de mágica para a noite perfeita. Repetir isso com uma parceira apenas demonstra inexperiência e amadorismo, além de não levar ninguém necessariamente ao êxtase. Usar qualquer receita de cozinha na cama como o melhor caminho para um sexo inesquecível é, na verdade, um atalho para o desastre.

É um equívoco preocupar-se mais com o próprio desempenho do que com o sorriso de quem está ao seu lado. Isso é egocentrismo, e justamente em um momento que pede somente entrega simples, total e verdadeira, mesmo que seja apenas por uma noite.

No sexo, a gente flerta com todos os sentidos e brinca com o corpo inteiro. Todas as posições têm seu momento, e eu, com o tempo, aprendi a gostar mais daquelas que permitem troca de olhares, beijos na boca e as que deixam as mãos livres para alcançar onde precisar. Quando a gente está nessa dança, não existem técnicas matemáticas para calcular peso, distância ou tempo. É tudo química: composição, combinações de elementos, estrutura, propriedades da matéria e mudanças sofridas nas reações.

Naquela transa que fazemos questão de não esquecer, existe troca, aceitação, respeito e atenção ao que acontece com o outro. Existe um voo contínuo pelo corpo de quem está com você, com intercâmbio de sensações, fluidos e sentidos aguçados, sempre com carinho, mesmo que não haja amor ou envolvimento emocional entre as partes.

Que as pessoas transem muito e aproveitem a energia que o sexo pode proporcionar olhando menos para o espelho, para o próprio corpo, e mais para os olhos de quem compartilha essa linda experiência com elas.

Me apaixonei por suas crises

Um beijo, duas mordidinhas daquelas que puxam os lábios e uma saudade de algo que, no fundo, a gente sabe que não vai acontecer de novo. Agora eu sei que todos aqueles beijos que demos foram de despedida. Em poucos dias, brincamos de trocar sinceridades, pulamos corda e Carnaval, rimos das fantasias dos outros e tiramos as nossas. Por que usar fantasias se juntos já somos tão palhaços naturalmente?

Ela? Olhos fundos, escuros, cheios de histórias e bonitos de descrever, um jeito maluquinho de ver a vida e uma franjinha daquelas com que a gente brinca de colocar para o lado com a ponta dos dedos. Ótima em línguas. E até fala um pouquinho de inglês. Beija como se quisesse dizer algo muito importante, mas, *pera, só me dá mais um beijo aqui?*

Com as mãos, brinca com meu cabelo e fala, sempre em tom de sussurro, com aquela voz doce de quem vai embora a qualquer momento, que a nossa confusão é sempre a mais gostosa, e que aceitar as confusões de alguém é a forma mais bonita de amar. "Te quero todinha, sem ponderações!" Um pouco Amélie Poulain, um pouco Amy Winehouse e muito ela mesma, como não se apaixonar por alguém assim? Eu sei, ela gosta de sexo, dá para saber, os beijos nunca negam, e pelo olhar não parece ter vergonha de sentir prazer.

Ela é quem quiser ser, mesmo que, no fundo, eu consiga ler as suas, e tão suas, inseguranças. Crises? Sim, são suas eternas companheiras, quase melhores amigas, e junto delas todos os charmes que só ela sabe fazer, mesmo em meio a um pequeno ataque de pânico. Vem cá... Deixa que eu cuido de você, vamos sair do meio dessa multidão, estou aqui, quer que eu pegue uma água? Vai passar, sempre passa... até a gente passou, viu só?

Bella ragazza, menina do mundo e por alguns dias "minha linda", só que nada minha. Ela é muito livre para se prender a alguém que canta no chuveiro músicas que rimam "amor" com "flor". Sonha em adotar todos os cachorros que vê pela frente e, como se fosse legal e descolado, usa meias coloridas. Não é a cara dela, mas, por outro lado, não tem cara de quem ama pela metade. Até porque, convenhamos, pessoas que têm a arte no olhar e no coração nunca vivem nada pela metade.

Amanhã ela se vai, cheia de escalas, com algumas tatuagens a mais nos tornozelos e outras em lugares que não

tive a chance de descobrir. Longe, preso pela liberdade da distância, um pedaço de mim se vai com ela. Um pedaço bonito, cheio de bem-querer e de boas risadas intercaladas com beijos.

E sempre que digo *a gente*, na verdade me refiro só a mim, pois ela, sem dúvida, ainda nem visualizou minha mensagem de ontem. É o seu jeitinho, sempre assim, uma mescla de confusão, crises e beijos.

Trocando o seguro pelo desconhecido

Às vezes, fico pensando: *O que estou esperando para sumir, para juntar meus pedaços de coragem e deixar de ser somente uma paisagem bonita de se ver?* Não estou me referindo à coragem que vem de supetão pela madrugada, e sim àquela que inspira, cria mundos e nos provoca antes de dormir. Para ousar voar pelos céus que se deseja, é necessário dormir com coragem e acordar com ousadia. Se não for assim, é uma injustiça com nossos sonhos.

Dia desses percebi que eu precisava de um pouco mais do mundo nas minhas emoções, nas minhas vivências. Para alguns, talvez isso seja coisa de gente insana, perdida no mundo. Para mim, é coisa de gente que se preenche com experiências, sorrisos e picolés de limão.

Sinceramente, cansei de trabalhar na rotina desse amanhã com gosto de café e mais do mesmo. Cansei de ouvir tantas regras de uma cidade que não me acolhe da forma que eu desejo. A verdade é que percebi que não há como ganhar o mundo sem, de fato, perder o meu precioso mundinho.

E o que seria ganhar o mundo? Não é só ganhar dinheiro ou ir a baladas que todo ano mudam de nome, mas sentir também admiração pelas minhas atitudes, pelos meus amores – sejam eles livros, países ou pessoas. É olhar no espelho e, sem receio, ter certeza de que me enfrentei. Ganhar o mundo é ganhar corações, experiências, histórias, e também perder muita coisa para, um dia, quem sabe, valorizá-las.

Viajar pelo mundo, fazer uma faculdade longe de casa, enfrentar uma cultura que não gosta de brigadeiro nem de abraços não é um sonho de final de semana ou um dinheiro que está sobrando na conta corrente e, por sorte e tempo disponível, nos faz decidir sair do país. Como uma linda mulher de cabelos curtos, é um estado de espírito, em que a gente coloca o coração cheio de amor na mochila e sai por aí ignorando o que os outros falam. Até porque o que os outros falam é só o que os outros falam – e os outros sempre falam muito.

Chega uma idade que, mesmo amando trabalho e família, a gente se questiona quem é, o que construiu e para onde vai – perguntas básicas, mas bem complicadas. Qual é meu hobby? No que realmente sou bom? Qual é meu papel no mundo? Será que esse amor que tanto espero um dia virá? O que quero daqui para a frente?

Questionar-se sem tomar uma atitude para encontrar as respostas é acreditar em algo fácil demais, infantil de-

Para ousar
voar pelos céus
que se deseja, é
necessário dormir
com coragem e
acordar com
ousadia.

mais, para ser chamado de coragem. E coragem, convenhamos, é coisa de gente grande.

Estou querendo sumir, essa é a verdade, o que não significa me esconder do mundo ou das pessoas que me rodeiam. Não quero fugir dos problemas, das obrigações ou dos amores que me magoaram e por ali ficaram, mas sim me encontrar em um mundo que ainda não vivi, para tentar descobrir por que preciso de tantos pré-requisitos para ser feliz.

Se eu tenho medo? Todo santo dia. Se eu acho que deveria ficar quieto por aqui mesmo, sem me questionar tanto, pois largar a segurança é algo dolorido e amargo demais? Duas vezes, todo santo dia. Mas, todo santo dia, quando acordo, também me pergunto se a vida é só isso mesmo. Felizmente, acho que não.

Não sei bem, mas seja o que for, não pode ser somente essa busca incessante por um bom trabalho e uma casa com abajures coloridos. Mesmo que, no auge da minha maturidade, eu adore abajures coloridos.

Para sempre

Eu não acredito em coisas, relações ou situações que *precisam* durar *para sempre*, como se tivessem um objetivo, como se devessem obrigatoriamente acontecer para fazer sentido, pois tenho um pouco de medo do peso que carregam sendo assim. Mas eu acredito em coisas que *possam* durar *para sempre* se isso acontecer de forma natural, sem forçar.

No *para sempre* há muita expectativa, e onde há muita expectativa há também muita frustração. Pelos caminhos da vida, via de regra cheios de espinhos, aprendemos que frustrações que se originam das nossas sempre loucas expectativas não valem a pena.

Somos criados para acreditar que se não durou *para sempre* não foi verdadeiro, não houve sentimento ou dedicação suficiente. Afinal, tudo o que é bom deveria durar *para sempre*, não é? Essa é uma cobrança muito injusta, principalmente quando nem sabemos se queremos pintar a parede da sala de cinza para contrastar com os móveis coloridos ou se preferimos colocar um papel de parede clarinho, para deixar o ambiente mais leve. Como vamos saber e ainda por cima decidir sobre algo que precisa durar muito mais?

Frustrar-se com algo que não foi *para sempre* é um sentimento de pessoas que ainda não entenderam como a vida funciona ou que não querem entender, até porque se enganar é muito mais fácil. Muitas vezes, o *para sempre* que conhecemos, travestido de lindas histórias de amor ou de companheirismo eterno, foi, no silêncio de quem viveu, uma torturante prisão, e não fruto de vontade livre que simplesmente veio do coração. Muitos optaram pelo *para sempre* por falta de opção, por medo da solidão, por comodidade ou por excessiva carência. Na verdade, na eternidade sempre há uma pitada de comodidade. Triste dizer, mas nem todo *para sempre* é bonito e nem tudo o que é bom tem que durar *eternamente*.

Por isso a eternidade me assusta. *Para sempre* é muita coisa. É muita cobrança. Principalmente quando a gente descobre, depois de tomar muitos cascudos, que a felicidade não tem uma fórmula composta de ingredientes prontos. Mais do que isso: a felicidade não é uma sensação contínua. Ninguém é feliz durante a vida inteira, e se fosse, não saberia perceber os reais momentos em que a felicidade brilha mais forte. A felicidade são breves momentos de distração, que não se buscam, somente se aproveitam, e pelos quais agradecemos quando surgem.

Tudo pode parecer muito frio e cético visto assim, de cima de uma montanha cheia de sentimentos e amores, que, honestamente, também vivo. Mas acho bonita a possibilidade de se reinventar, de se enlaçar por novos sentimentos, de viver o momento e, como dizia o Poetinha, de deixar que seja eterno enquanto dure, sem a pressão de ser imortal. Quanto durar já não é suficiente? Por que deveríamos dar continuidade a algo que já acabou? Só para manter a beleza do *felizes para sempre*?

O *para sempre* acontece dia após dia, mas pode ser planejado. Planejar o amor é triste demais. Aliás, é impossível. Sofrer pelo que poderia ser é lamentável perto da alegria de comemorar o que já foi. E se por acaso o *para sempre* acontecer, abrace-o, mas não deposite a promessa da sua felicidade na eternidade.

É muito utópico ser feliz somente na eternidade, principalmente sabendo que tem gente que encontrou a felicidade tomando sorvete de casquinha sentado na grama.

A paz em forma de amor leve

Volta e meia comento por aí sobre a beleza e a plenitude de viver um amor leve. Sobre como é gostoso amar alguém, sentir que o sentimento é recíproco, e ainda conviver com a paz nos nossos corações. Honestamente, nunca fui o tipo de pessoa que buscou um amor. Sempre busquei a paz. E a paz veio em forma de amor, o que é uma maravilha. Se não tivesse vindo, tentaria me satisfazer vivendo-a somente na harmonia dos meus obscuros pensamentos, que você, melhor do que ninguém, sabe como são malucos e intempestivos.

Viver um amor leve é amar sem cobrar o tempo todo e sem ter como prioridade somente cumprir as expectativas do outro. É não usar mágoas passadas como munição de ataque. Um amor leve é como um tranquilo e rotineiro passeio no parque, o que não significa, claro, que seja preciso estar nesse lugar a toda hora, correndo entre as árvores floridas e as aves coloridas, rindo da vida constantemente, e sim que as conversas e discussões acontecem com respeito e calma, como se lá você estivesse.

Amar não é necessariamente uma mescla de utopia e intensidade, mas de paciência e realidade. Viver um amor leve requer tolerância, maturidade e uma sensação de que não temos mais tempo a perder com coisas pequenas e sem sentido. A gente deixa o vento levar as discussões frívolas para longe e não se prende tanto a coisas que, no fundo, não trarão nada de bom, apenas a tristeza de um ou do outro. Há muita conversa, compreensão para ceder e entendimento de que cada um demonstra seus sentimentos de uma forma diferente e particular, seja ela qual for. Para amar leve é necessário empatia não somente pela pessoa para quem estamos doando nosso coração, mas pelo mundo, pois assim aprendemos como as pessoas são e aceitamos seus defeitos e histórias com mais facilidade.

As relações maduras, por isso leves, simplificam as coisas. Nos relacionamentos imaturos, tudo é motivo para complicar pequenas situações. Discussões sempre existirão – e devem existir! –, mas não como um empecilho para ficar dois dias sem conversar. Isso é coisa de criança. A gente discute para resolver os problemas com mais facilidade, já que não há espaço para disputa, ego, atitudes impulsivas e egoístas. Afinal, é uma relação para amar.

Nesse tipo de amor a prioridade é o respeito, sem verdades agressivas. Amamos com tranquilidade, como se a eternidade desse só mais uma volta no quarteirão, e rimos juntos pela alegria de termos nos encontrado. Os abraços são dados com facilidade, os beijos podem ser repetidos com a certeza de que não há mais ninguém na fila, e a vontade de ficar junto é algo que já acorda conosco.

Na verdade, nesse amor, a gente quer ter menos razão e ser mais feliz. Só isso.

Cadê a Lívia?

Lembra aquela conversa que tivemos antes de você partir? Eu me recordo como se fosse ontem: você disse, com um choro breve e contido, que nunca me esqueceria. Mesmo se eu voltasse a usar aquela minha camisa xadrez vermelha e preta que você odiava (e eu que me achava tão bonito com ela!). Esse dia foi triste, um martírio, mas prometemos que não iríamos nos esquecer. E promessas feitas com os dedos mindinhos entrelaçados são sempre coisa séria. Muito séria.

Na época, tivemos que nos separar, éramos diferentes, vivíamos momentos diferentes, pelo menos era no que acreditávamos. O tempo passou e muita coisa mudou, emagreci um pouquinho, minha mãe piorou de saúde, e meus avós já partiram para outro lugar, sobre o qual ainda não tenho opinião, mas espero que seja especial. Eles gostavam muito de você. Estava pensando agora que, depois de você, namorei outras mulheres, e imagino que você também. Não necessariamente mulheres, claro (e se for, qual o problema?).

Acabei lembrando que minha avó, nos últimos anos em que passamos cuidando dela, sempre achava que todas as namoradas com quem eu aparecia eram sempre você. "Cadê a Lívia?", perguntava ela. E eu, sadicamente, adorava, mesmo que, claro, tivesse que responder: "Vó, essa é a Fulana!" Eu ficava sem reação, pedia desculpas para a Fulana, ríamos um pouco da situação e, minutos depois, no silêncio dos meus pensamentos, eu me perguntava: *Cadê a Lívia?* Nunca soube responder.

Tenho tantas lembranças suas, dos seus brincos, das suas roupas quando íamos ao cinema, do seu vestido quando foi àquela formatura comigo e da vergonha que senti quando perguntei se você gostaria de se arrumar aqui em casa. Da maneira como você corria, charmosa de tão desengonçada, quando íamos juntos ao parque, das fotos de comidas aleatórias que me enviava durante a tarde e da maneira linda com que você falava dos seus sonhos. Era tudo tão seu, e tão nosso! Dos seus tênis de sola baixa, e de como eu adorava quando você os calçava, dos seus óculos que só eram usados se necessário, do seu riso nervoso quando era elogiada, dos seus beijos de urgência quando as palavras brincavam de sumir, da sua vontade eterna de se aninhar no meu peito enquanto o tempo voava dentro do carro, em frente à sua casa, nos despedindo.

Lembra quando busquei você na aula de inglês pela primeira vez? E quando, aqui em casa, tentei fazer a melhor margarita do mundo só para tentar impressionar e, obviamente, não consegui? E quando compartilhei com você todo o meu mundo, o meu coração e a minha família? Espero que se lembre... eu me lembro tanto! Dos seus sonhos, das suas pequenas doçuras, que para você eram simples, mas que para mim eram um novo mundo. Acredite: dos seus detalhes eu fiz várias coleções, e isso a gente não compra por aí, nem troca por alguns beijos e abraços na esquina.

E eu ainda escrevo meus textos de domingo, ando pela casa de samba-canção e sem camisa, e tenho várias meias coloridas que guardei ao longo do tempo. Ainda tenho as cartinhas que você me enviou e todos aqueles brinquedinhos que você insistia em pegar no McDonald's quando íamos nas madrugadas em que você acordava, repentinamente, com vontade de comer alguma coisa, mas nunca sabia o quê.

Não tenho mais seu número, não a encontro nas redes sociais – você nunca gostou –, e quando passei na sua casa, mentindo para mim mesmo que era o melhor caminho para chegar ao trabalho, disseram que você não morava mais lá. Não sei muito bem o que fazer, nem se haverá reciprocidade no que estou escrevendo, mas como eu poderia dizer adeus ao que sinto? Não seria justo com nossa promessa. Estou com saudades e não sei como encontrá-la. Espero que leia meu blog, porque se você tivesse um eu leria. Juro. Difícil seria não se perguntar: *Cadê a Lívia*?

Você é a minha garota

Neste final de semana, várias vezes me preparei para o adeus. Fechei portas internas que tinha aberto, porque o vão escuro da fresta me assustava. Fechei os olhos e o coração para não me magoar e chorei o que havia anos não chorava. Gosto de chorar. Faz com que eu me sinta vivo e sincero em relação aos meus sentimentos. Quem não chora por medo de parecer vulnerável não sabe amar e nem sofrer quando necessário. Segurar as lágrimas é coisa de amador se o assunto é o coração.

Sozinho, na companhia de livros que há anos digo que preciso terminar de ler, contei as horas no relógio como quem conta os segundos para ser feliz. A ansiedade de poder voltar a ser feliz a qualquer instante é boa, mas também cruel. O sofrimento retarda o tempo, cria esperanças e traz uma vontade louca de sumir. Mas por ela eu não seria covarde a ponto de fazer isso.

Por ela, sem medo de receber uma negativa, entrego meu coração, alguns cookies com gotas de chocolate branco que compro às pressas no aeroporto e vários outros doces com chocolate, muito chocolate! Por ela, doo todo o meu tempo, amor, carinho, mimos e um pouco mais de tempo, se necessário. Por ela, cedo minhas ansiedades e palpitações em prol da sua estabilidade emocional. Por ela, desisto de minha vontade sufocante de sair correndo para procurá-la, pelo receio de atrapalhar o tempo que ela precisa para conversar com o próprio coração.

Ah, se ela soubesse como estou segurando um manancial de sentimentos dentro de mim! Com ela, já engasguei ao falar sobre o amor e não quero perder mais nem um minuto se possível. *Fica comigo? Eu te adoro! Eu te quero tão bem! Posso ser precipitado e dizer o que eu sinto por você?* Com ela, errei em detalhes que as pessoas geralmente jamais errariam. Nunca me senti tão mal por carregar minhas diferenças. Nunca me senti tão mal por deixar minha pluralidade ser tão egoísta, mesmo que ela, infelizmente, faça parte de mim. Minhas indecisões me matam, mas eu nunca deixaria que matassem meu amor.

De *Ei, estou com saudades!*, hoje me contento somente com um simples e passageiro *Oi*, seguido de um *Fique bem!*. As palavras do nosso vocabulário estão, aos poucos, sumindo, e cada letra falada é pensada com todo o cuidado do mundo. Saudade de quando a gente podia dizer o que vinha à cabeça sem pedir licença. Se eu pudesse demonstrar de outras maneiras quanto gosto dela, faria.

Gritaria pelas ruas, colocaria faixas escritas penduradas nos prédios, mandaria telegramas com selos raríssimos e deixaria o cantinho dela na cama separado por toda a eternidade. Ou pelo menos até eu descobrir se ela ronca. Na verdade, eu sei que ela ronca, mas, convenhamos, o que é um ruído grave de respiração perto da sensação de acordar todo dia ao seu lado? E só eu e ela sabemos como é gostoso o nosso despertar.

Nossa relação sempre foi diferente, até das que eu já considerei as mais diferentes que tive. Não sei onde ela está, se está preocupada tentando desgostar cada vez mais de mim, se está preferindo perder a alma da nossa relação em troca do vazio mútuo em que vivíamos, se está procurando homens que preferem batata-doce a pizza – ou que são mais maduros com as coisas chatas e banais da vida.

Sempre lhe falei que gosto de cama elástica e sorvete de casquinha. Talvez ela goste de um homem diferente de mim, e eu a entendo. Acontece que minhas qualidades não são brownie de chocolate, mas quindim. Gostoso, mas nem todo mundo prefere.

Ela, sem dúvida, nessa fase da minha vida, é a minha garota. E olha que já falei isso para ela uma centena de vezes. Posso falar a centésima primeira? *Você é a minha garota!* Mas, claro, isso só se ela ler este texto. Não sei se leria. Ela nunca foi de ler as coisas que escrevo.

P.S.: Na escrita digo as mesmas coisas que digo com os olhos, mas não sei proferir com a boca. Vivo intensamente e não tenho medo de perder meu orgulho, e sim quem eu amo.

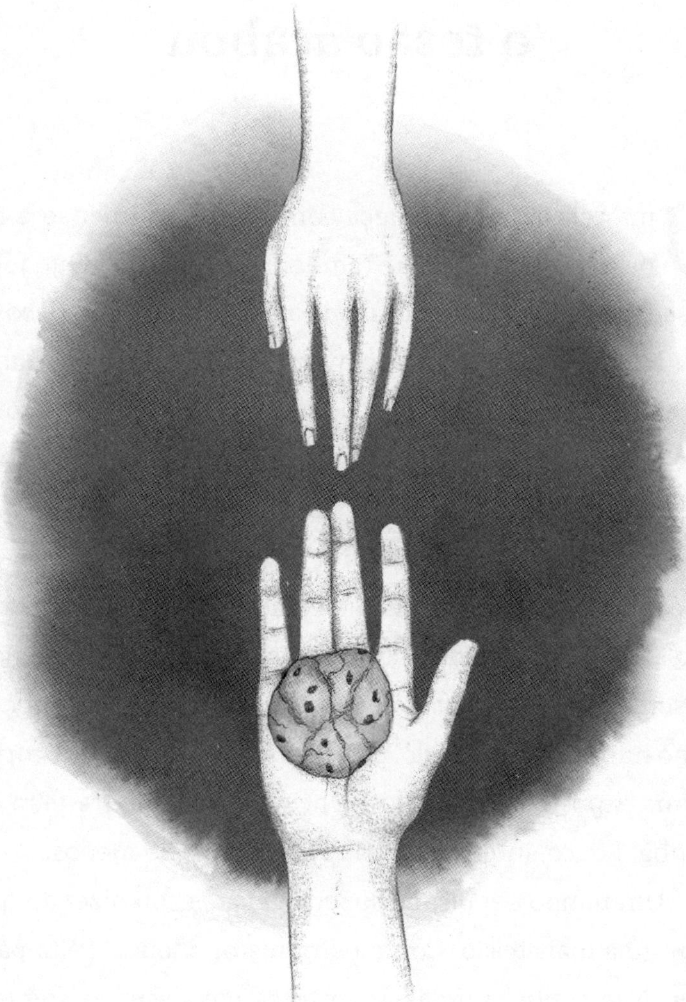

O dia em que o tesão acabou

Uma relação que começa com um tesão imenso e repentino pode acabar também de repente? Que jogo é esse, em que as apostas são tão altas quanto os riscos?

Nós nos conhecemos no meio de uma reunião de trabalho e saímos no mesmo dia. No mesmo momento. História louca, coisa louca. Dali para um café. Do café para a casa de um desconhecido. Beijos sem abreviações ou pausas. Parede. Química. Física aplicada. Na cama. No chão da casa do desconhecido. Sexo de olhos e corações virados. Em pleno dia, 11h46, sem bebidas alcoólicas, sem o aconchego da noite, sem as camuflagens da escuridão. Com uma intimidade como nunca havia sentido. Só a gente, olho no olho, de corpo e alma expostos ao sol. No silêncio de uma quarta-feira de manhã. Louco, intenso e atual. Para mim, pelo menos.

Um tempo depois, de supetão, ela chegou dizendo que não tinha mais tesão. Coisa louca, história louca. Feita para doer. Não conheço todas as torturas medievais existentes, mas será que alguma causa sofrimento maior do que o de ouvir isso desse jeito?

A autoestima é atirada escada abaixo. Dói muito porque não há remédio. Não há conforto. Não há café da manhã com pães quentinhos e mel que faça o beijo ser vulcânico de novo. Não há flores, árvores ou florestas que façam o colo ser aconchegante e eufórico como antes. Não há mais cama que guarde o nosso cheiro. Não há palavras que arrepiem a pele quando ela não rima mais. Não há jeans rasgado, nem sítio em Minas Gerais que a faça ser a minha letra do Caetano mais uma vez.

Me diga que não gosta do jeito que falo enquanto dirijo. Me diga que, sei lá, eu deveria comer menos carboidratos antes de dormir. Me diga que só ouço músicas ruins, que durmo de boca aberta, que de óculos meus olhos ficam enormes. Grite comigo se quiser, me faça argumentar que a Glorinha é passado. Me jogue, metaforicamente, do décimo terceiro andar. Só, por favor, não diga que perdeu o tesão por mim assim de repente. Não diga que perdeu o tesão pela gente.

Ouvir isso de quem gostamos é como levar uma facada nas costas, no coração, no brio que há dentro de nós. Porque não há discussão, não há palavras de resgate, não há argumento que transforme abraço em beijo, carinho em desejo. E, em meio a toda essa incompreensão, miseravelmente, só nos resta aceitar. A gente junta os caquinhos e lembra, sem entender bulhufas, como tudo foi tão maravilhoso. E, por mais que o carinho ainda exista e a vontade de ficar juntos e de ouvir por horas e horas as mesmas histórias ainda esteja intacta, o sexo virou a cereja de um bolo que ninguém mais quer comer.

A verdade é que ninguém deve ficar com alguém por quem não sente atração, são regras da vida. Faz parte, jogo limpo, vida real. Não seria justo. Por outro lado, ninguém pode carregar essa culpa, mas é tão difícil entender! E tentar compreender a falta de desejo por nós, justamente de quem amamos, é insistir na dor.

Mas somos mestres nas insistências, e todo dia nos questionamos: onde foi mesmo que desandou? Se o beijo era tão bom e no sexo havia tanta alegria de encontro, o que aconteceu? Quando foi que a gente correu para lados opostos? E por quê?

Por ela, viajei para onde nem fui convidado – seu coração –, fiz loucuras das quais não me arrependo, mas estaria mentindo se dissesse que, às vezes, antes de dormir, não me pergunto como ela não sente a saudade que sinto. Seria eu, sozinho, o único portador de toda essa saudade? Como ela perdeu toda aquela vontade intensa de sentar no meu colo e me beijar como se o apocalipse tivesse data marcada?

Dos jogos da vida, esse é um dos únicos que não posso pedir revanche. Perdi. O risco era alto. Tudo bem, descobri uma verdade: mesmo que o sexo seja menos frequente, o tesão e o desejo não podem acabar. E eu queria muito que não tivessem acabado.

Se ele gostasse, você saberia

Um dia desses, em que fazia um calor que implora por uma bebida gelada, eu estava em um bar com um grupo de amigos tomando uma cerveja e uma água com gás e limão espremido (sim, tem que ser espremido, não gosto de rodelas), quando percebi que a amiga de uma amiga minha confessava – transparecendo honestidade – que se sentia confusa porque o rapaz com quem estava ficando disse que tinha dúvidas se realmente gostava dela.

Ao ouvir aquilo do outro lado da mesa – ouvido de escritor, sabe como é –, a água com gás com limão espremido contrariou a lei da gravidade e subiu a toda velocidade pela minha garganta. Meus olhos se arregalaram e observei em volta para ver se mais alguém havia escutado e se espantado. *Como é possível uma pessoa ter dúvidas se gosta mesmo da outra?!*, pensei, silenciosamente indignado.

Todos têm dúvidas, é evidente. Eu não sei, por exemplo, se escolho entre Tailândia ou Nova Zelândia, se terei dinheiro no final do ano para viajar ou fazer qualquer trajeto diferente que não seja do meu quarto até a sala, se minha próxima leitura será um livro de ficção ou de crônicas, se preciso calçar meias para ir à padaria ou se conseguirei, finalmente, manter a frequência na academia... Mas ter dúvidas sobre gostar de alguém? Sério?!

Já tive dúvidas se ia continuar ficando com determinada pessoa, pois, apesar dos pesares, ela era uma companhia agradável, me tratava bem e tinha um papo divertido. Mas ter dúvidas sobre o pulsar do coração, sobre o clássico sintoma de frio na barriga, sobre a ansiedade por ficar perto do outro?

Pelo visto nem todos sabem, mas entre gostar de verdade e achar alguém apenas legal ou uma boa companhia há uma grande distância. Gostar de verdade tem aquela "coisa de pele", tem beijo que pode durar segundos e magicamente se manter por horas na mente. Tem o sorriso que se abre involuntariamente só de ouvir o nome da pessoa, mesmo que nem seja ela, mas apenas por trazer boas lembranças.

Quem gosta quer a presença do outro, seja na segunda-feira para tomar um café, para rir de um filme besta ou para fazer qualquer coisa, já que o programa é só uma desculpa. Quem gosta manda mensagem surpresa durante a tarde morrendo de medo de atrapalhar. Quem gosta não economiza sentimentos, muito menos tempo. Quem gosta quer companhia em todos momentos, e muitas vezes fica até com vergonha de convidar para algo um pouco mais íntimo, com receio de o outro pensar que tudo está indo rápido demais. Quando há o gostar, há demonstração de afeto, seja com palavras, atitudes ou olhares. Quem gosta não consegue conter as manifestações do coração, pois isso dói, já que sufoca a verdade.

Se a pessoa não gosta em tempo integral, desconfie. Se demonstra que gosta somente quando a carência dá as caras, quando a chuva se aninha à janela do quarto ou quando restam poucas opções, isso é sinal de uma triste e injusta ilusão. Eu sei, parece desolador; muitas vezes a gente se engana, cria fantasias para apaziguar o coração, mas a verdade é que, bem no fundo, sabemos quando alguém gosta mesmo da gente ou não.

É explícito, é gigante, é menos matemático e argumentativo e mais sensorial e espontâneo. E se, por uma eventualidade, a pessoa abrir a boca para dizer que sente sua falta, me desculpe: saudade sem um arsenal de opções e propostas para poder ser vista não é saudade. Que sentimento de falta é esse que surge somente em dias específicos? Que saudade é essa que aparece só em momentos de carência? Que gostar é esse que sobrevive com horário marcado? A saudade surge do coração, não de lembrar de alguém olhando para uma lista de contatos.

Gostar de alguém nunca é algo que sentimos pela metade, nunca é uma dúvida que perdura por meses. No mar dos sentimentos verdadeiros, não há indecisão ou intempérie que faça aumentar a distância do toque. E não há "Este final de semana está difícil", "Ah, é porque acabei de sair de um relacionamento", "Tenho medo de me apegar" que justifiquem a falta de demonstração genuína.

Quando gostamos, evitamos ao máximo usar argumentos para nos distanciarmos da pessoa. Acreditar em desculpas ou justificativas é um pobre delírio de quem, infelizmente, acha que gostar, amar, é somente um programa para um final de semana nublado.

Se ele gostasse, você saberia, foi o que pensei em falar para a amiga da minha amiga, em palavras que sintetizavam minha reflexão. Só que poderiam não ser bem recebidas, já que a falta de intimidade entre nós era uma barreira maior do que a mesa que nos separava. Busquei meu copo e tomei o resto da cerveja ainda gelada, o que pelo menos amenizou o calor do momento.

Quem soube sofrer um dia hoje sabe amar melhor

Tentar apenas esquecer alguém, como se fosse algo que você resolve facilmente, feito descascar batatas ou espremer um limão na salada, é sempre uma gigantesca burrice. Dói ler assim, de supetão, não é? Acontece que, infelizmente, ou felizmente, não vivemos no filme *Brilho eterno de uma mente sem lembranças* e não podemos decidir apagar as memórias que ainda nos fazem sofrer. Nesse caso, sem dúvida, eu seria o Joel, que mesmo com todo o sofrimento do mundo, nunca optou por apagar as lembranças amorosas que habitavam nele, por mais doloridas que fossem. Nossas dores fazem parte de nós, da nossa história, e nossas cicatrizes são memórias importantes que ensinam muita coisa. E, em geral, pessoas que um dia souberam sofrer hoje sabem amar melhor.

Infelizmente, as pessoas querem pular algumas etapas do sofrimento, como se fosse possível fugir dos apertos do coração. Lidar com a dor é uma oportunidade linda para amadurecer e aprender a viver com um pouco mais de sabedoria, e quase sempre a questão não é como evitar o sofrimento, mas aprender a lidar com a dor com maturidade e calma. A calma é sempre uma solução inteligente para vencer as correntezas e tristezas da vida.

Alguns julgam que sofrer com maturidade é não chorar, não se arrepender, não sentir a dor por completo, mas na verdade é exatamente o contrário: é saber se entregar à dor e deixar-se levar como em uma correnteza. Ninguém ganha uma luta contra a natureza. Então, que aprendamos a conviver com ela.

Esquecer alguém, ou melhor, guardar uma experiência na prateleira das boas lembranças, é algo que a gente precisa fazer com paz de espírito, e não com rancor e raiva. Enquanto houver desespero e relutância no seu coração, não será possível ressignificar essa pessoa dentro de você. Fingir que esqueceu só para enganar a si mesmo é erro de principiante no quesito amar. É como se você precisasse, dia após dia, lembrar que está esquecendo quem amou, e nesse ciclo vicioso de tentar ter garantias de que já esqueceu, nunca conseguirá mesmo esquecer, pois estará muito preocupado, lembrando que já esqueceu.

Eu ainda me recordo dos meus antigos amores, e às vezes até mais do que deveria. A única diferença é que hoje não sinto mais o que sentia naquela época. Lembro com saudade, com respeito, com boas recordações, com um pouco de

Pessoas que um
dia souberam
sofrer hoje sabem
amar melhor.

ressentimento e até com alguma mágoa que ainda transita dentro de mim, admito, mas não com desespero ou desgosto. E quer saber a verdade? Esquecer mesmo a gente nunca esquece. Pelo menos se você não tiver nenhuma degeneração de células cerebrais. A gente dá um novo significado, muda de ordem, coloca em outras prateleiras do coração. Mas esquecer mesmo, nunca esquece.

No final, quando estamos em um redemoinho de carência e solidão, eu sei que a saudade faz fila entre as emergências do coração, e muitas vezes até ultrapassa e dobra o quarteirão. Acalme-se e lembre-se de que estamos todos juntos nesses labirintos de sentimentos mal resolvidos. Então, não se preocupe com o sofrimento; preocupe-se se um dia não souber mais amar, pois não há como conhecer a grandeza do amor sem um dia ter sentido na pele, com lágrimas, a dor de perder um amor.

Peitos pequenos, amores gigantes

Estava aqui, sentado com as pernas cruzadas no metrô, pensando na vida e em outras coisas sem muito sentido e sem importância para a humanidade, quando cheguei a uma conclusão surpreendente: todas as mulheres que mais amei, as que namorei e, consequentemente, aquelas com as quais senti vontade de casar, com toda a cerimônia e comemoração possível, tinham peitos pequenos.

E o que isso significa? Nada. Foi só uma constatação. Nada que contribua para a humanidade, é só um fato na minha história amorosa. O curioso é que sempre fui um cara com desejos – na verdade, muitos desejos – por mulheres de peitos grandes! (Confesso que fiquei com vergonha de escrever isso aqui, mas preciso ser sincero comigo mesmo, e escrever significa não se privar das nossas verdades, por mais tristes e conturbadas que sejam. A estranheza faz parte de nós. Principalmente de mim.)

Tudo bem, mas o que *isso* significa? Significa que a aparência física é um mero detalhe quando o assunto é amor. Nossas idealizações e desejos perdem para a realidade quando ela chega. Só isso. Bonito, não é?

Quando a gente ama, os detalhes físicos ficam muito miúdos perto da grandeza de amar alguém. O físico é como uma xícara lindíssima, de porcelana delicada, pintada à mão, daquelas em que a rainha da Inglaterra tomaria seu chá da tarde. Só que, se o café não for bom, não estiver quente e não for feito com afeto, de que adianta a xícara? Sem pestanejar, prefiro tomar meu pingado delicioso no meu copo de vidro. (Não sei se a metáfora foi boa, mas foi sincera. E, como já disse, não quero me privar das minhas verdades por aqui.)

Lembro uma situação em que estava no bar com uma namorada. Tínhamos bebido um pouco mais do que o normal – misturar bebidas nunca dá certo – e acabei olhando de relance para uma mulher que tinha um decote enorme, daqueles que, se fosse um tom de voz, acordaria até os vizinhos. Em uma leve e discreta (e pertinente, diga-se de passagem) atitude de ciúmes, minha namorada perguntou: "Você se importa que meus peitos sejam pequenos?" E eu rapidamente respondi: "Eu gosto assim, pois quando te abraço meu coração fica muito mais perto do seu!"

Aquele momento nos marcou. Meu objetivo era ser divertido, e não fazer romantismo barato. Ou talvez quisesse ser engraçado usando um romantismo barato, vai. Algo assim. Só sei que funcionou, rimos bastante, nos beijamos em seguida e até hoje, depois de anos, mesmo não estando mais juntos, ainda nos lembramos daquela passagem boba, mas totalmente nossa.

Corpos são instrumentos, mas quem toca a música é o coração e a maneira como a pessoa leva a vida. Eu não consigo mais me relacionar com alguém lindo, mas que carrega uma munição de preconceitos, de verdades cristalizadas e assustadoras, além de uma futilidade que não cabe mais na minha cama.

Os peitos lindos passam, fazem minha cabeça virar por alguns instantes (e eu estaria mentindo se dissesse o contrário), mas não são eles que dão aquele gostinho maravilhoso de eternidade que somente uma boa conversa e um olho no olho podem proporcionar.

Sem dúvida, não são eles.

A sensibilidade de que precisamos

Chega um dia em nossa vida que a gente cansa de beijar bocas que conversam somente com a nossa boca. Queremos uma boca, um beijo, que dialogue com nosso corpo inteiro, com nosso interior e, principalmente, com nossa maneira de ver a vida.

Queremos e devemos querer beijos que transcendam as boas energias, e pessoas com quem o convívio tenha a leveza necessária para dividirmos as notícias do mundo e do coração, sem antever um olhar com crivo de ressentimentos. Queremos conviver com alguém alegre por perto, que reclame menos e elogie mais, que flerte com os traumas e com a vida, e que, por favor, distribua mais amor e menos opiniões.

A verdade é que hoje não consigo mais me relacionar com quem não me transmite coisas boas e, sobretudo, sinceras. Nem por uma noite, nem por um encontro. Muitas vezes, ao deitar minha cabeça no travesseiro e brincar de reler as histórias em que morri no final, me questiono como consegui deixar que almas tão pesadas se deitassem na minha cama. Não que seja culpa delas. Não é. Até porque provavelmente elas nem devem sentir o peso que carregam. Quando nos falta sensibilidade ou paciência para ouvi-las, costumamos nos abrir e nos entregar a determinadas pessoas e depois nos perguntamos por que fizemos essa escolha tão, digamos assim, desconexa.

Sexo no primeiro encontro é realmente uma delícia, e honestamente preciso admitir que meus maiores amores foram encontrados na certeza de que a energia trocada naquele momento foi tão extasiante que não poderíamos mais esperar: *me beija, some comigo, morre comigo só por agora!* Eu gosto de sacanagem na cama, admito, mas evito na alma, no coração, e busco a sinceridade dos olhos. Sei que nunca deixarei de nutrir minhas oscilações mais íntimas, nem de beijar bocas sortidas quando sentir que devo, mas o que posso fazer se não sinto mais prazer em compartilhar meu interior com quem prefere a ignorância das verdades cristalizadas à pluralidade de algo mais sensível e flexível?

Uma pessoa sensível não é, necessariamente, sentimental. O sensível carrega em suas qualidades um reino de compreensão, paciência e silêncio. No geral, são pessoas que valorizam os momentos em que estão sozinhas, têm empatia e não acreditam em verdades absolutas. Na verdade, fogem delas. São pessoas que, quando seguras de si, não dividem suas intimidades com o mundo, mas as guardam para si.

A sensibilidade, quando apurada, antevê situações, seleciona melhor os amores, as entregas e não cobra perfeição de ninguém. Os sensíveis valorizam os momentos e as pessoas, dão beijo na testa quando necessário, mas também adoram uma putaria na escada de incêndio do prédio. São como anjos da guarda, um sexto sentido que nos faz crer em um mundo menos egoísta no amor e no sexo.

Então, no profundo mar da idade, a gente aprende – nem todos, infelizmente – a querer pessoas mais sensíveis ao nosso lado, seja por uma noite ou por uma eternidade. E não se preocupe: com o tempo, as trocas ficam cada vez mais raras. A gente se questiona mais, fica mais plural, e aumentam os pré-requisitos para compartilhar quem somos.

Mas não podemos nos nivelar por baixo e aceitar situações, amores e relações, amorosas ou não, que não exalam mais a sensibilidade de que precisamos, até porque ela é a única exigência de quem quer amar com paz e sinceridade.

Padrãozinho

"Ela é tão padrãozinho!", disseram as pequenas e pouquíssimas almas reducionistas que me rodeavam.

Por algum motivo que finjo ignorar para não fazer julgamentos cruéis, a colocaram em uma caixinha que nada tem a ver com ela. Ah, se soubessem da magia que há por trás daqueles olhos atentos. Ah, se soubessem da liberdade que ela carrega na alma. Ah, se soubessem como ela tem consigo um caminhão de virtudes silenciosas. Ah, se soubessem da maturidade das nossas conversas durante a madrugada, enquanto andamos pelados pela casa procurando coisas para comer na geladeira. Ah, se soubessem quem de fato ela é.

Mulher do beijo doce e com notas de um passado amargo, que revira os olhos ao receber carinho nas mãos, que gosta de sexo com a mesma intensidade que gosta de doces, que pincela os dedos, lindos e longos, nos meus cabelos antes de dormir, que inspira as páginas que escrevo e arromba minha retina quando a vejo vir ao meu encontro saindo pela porta de casa. Para ela, não economizo palavras, até porque, convenhamos, não seria justo com a nossa entrega mútua.

Para os sofrimentos dela, busco encontrar soluções nas minhas noites de segunda-feira. Para seus medos, rodopio e vejo se eles se escondem no dicionário das minhas vivências. Do seu sorriso, cheio de timidez e safadeza, eu tenho saudade sempre que estou distante. De sentimentos bons a gente se mune todos os dias, contando as mesmas histórias que vivemos juntos um ao outro, sempre com o intuito de lembrarmos quanto somos felizes em momentos que antes, para nós, eram tão insignificantes.

Já namorei mulheres que fizeram cursos de longa duração, mestrado, doutorado e viagens que mal cabiam nas páginas carimbadas do passaporte. Mas ela fez um curso de que eu pouco havia ouvido falar e, principalmente, não tinha visto tão de perto. Um curso que exige estudo, paciência, dedicação e, diferente dos outros, carrega em si um amor distinto nas mãos e no coração. Ela é mãe! Tem duas lindas meninas! Não é lindo ler isso? Eu já me alegro por inteiro!

Meus amigos, com um tom de loucura, achando que essas questões seriam uma grande descoberta para meu ser, questionaram as razões da escolha, como se fosse algo corajoso fugir dos sentimentos sinceros e dar voz ao egoísmo. Como se a paixão não precisasse de um caldeirão cheio de coragem. Como se a matemática do gostar não suprisse a multiplicação diária dos medos. Nem sempre amar é fácil. Na verdade, quase nunca. Vendo-os comentar coisas que, para mim, são detalhes, fiquei triste, não pelas palavras maldosas ou pouco compreensivas, mas por perceber que eles entendem muito pouco de amor.

A sensibilidade de que precisamos para saber ouvir o coração sem o pesar do medo e das diferenças é algo que só o tempo e a espiritualidade trazem. Quando a gente se entrega aos sentimentos com verdade, coloca as diferenças no bolso de trás da calça e sai rindo por aí, feliz, pois encontrou um amor.

A maternidade fez aflorar nela um amor que hoje ilumina quem está por perto. De longe, sentado na varanda da sua casa, inquieto, mexendo minhas pernas sem parar, a vejo calçando os sapatos nas meninas, penteando as franjas que insistentemente cobrem aqueles olhos que ainda estão descobrindo o mundo, arrumando-as lindas e serelepes, para irem para a escola. Todo dia um novo aprendizado e uma sensação de descoberta única. Ser mãe proporciona qualidades únicas à mulher, potencializa o poder de amar e compartilhar, e traz uma maturidade que nenhuma viagem ao exterior pode proporcionar. Ter filhos é um doutorado no quesito amar.

Encontrar-se em alguém que viveu lindas histórias de alegria e sofrimento leva a outro nível de amor e doação. Com a idade, a vida perde o confete, a perfeição, os olhos azuis, e faz a gente amar e entender melhor as tristezas e as dúvidas alheias. Fazer cálculos, medir e criar padrões para amar é tão raso e tão pouco sábio! Eu não meço minha entrega nem me pergunto até onde as coisas vão, porque perder o presente tentando se encaixar no futuro só traz dúvidas desnecessárias.

Quer saber se eu tenho medo? Claro. Morro de medo todos os dias, mas nunca daria ouvidos àquelas almas reducionistas que não têm nem informações suficientes para emitir opiniões ou fazer julgamentos sobre a minha vida. E continuo a descobrir cada vez mais o amor em todas as suas mais lindas expressões com quem tem, de verdade, pós-graduação no assunto e quem pode não só dar aulas, como me ensinar muito, todos os dias, sobre amar.

Minha mulher não é minha

Certa vez, enquanto bebia uma cerveja com um grupo em um daqueles bares cujo nome do estabelecimento é o mesmo do proprietário, ouvi um conhecido, ou melhor, alguém que conheci naquela noite, dizendo, com firmeza, que estava "aos poucos dando mais liberdade para a mulher sair com as amigas, viajar, ter um personal trainer" e assim por diante.

Naquele momento, já cansado de ouvir coisas do gênero, pensei: *Que engraçado! Que poder supremo esse cara teria para escolher a quem dar ou não a tão poderosa liberdade? Seria um juiz das relações? Seria o Capitão Planeta dos amores?* E como se isso não fosse algo muito básico do costume da convivência entre pessoas que dizem se amar, com cara de espanto diante de uma situação tão inédita e me fingindo de bobo, perguntei a ele: "Mas ela já não deveria ter essa liberdade? Não é algo que todos nós, como seres humanos, temos?" Como se soubesse tudo sobre o amor, ele respondeu:

“Ah, mas a gente tem que cuidar do que é nosso... até porque ela é minha mulher!”

Ao ouvir aquilo, resolvi cutucar a questão. Naquela noite, além dos homens e mulheres com quem eu estava sentado à mesa, me acompanhava uma mulher com quem eu me relacionava havia um tempo – alguém especial, diga-se de passagem. Comentei, então, usando nossa relação como exemplo, que raramente pagava algo para ela, pois sempre dividíamos tudo quando saíamos. Todos se entreolharam assustados – sim, os homens e as mulheres daquela mesa! –, como se fosse impossível conquistar uma moça tão bonita e interessante sem colocar a mão na carteira. E ela, sempre tão companheira e ciente de que sabíamos nos relacionar muito bem, disse que não entendia como é que *eles* se relacionavam de forma tão retrógrada.

Naquele momento, tristemente, percebi que aquele grupo pouco havia entendido o que existia entre nós. Não captaram que o fato de eu não pagar a conta para ela com a conotação de obrigação não era pelo dinheiro em si, muito menos pela economia, mas por dar uma importância imensa a que minha companheira tivesse voz ativa na relação tanto quanto eu, em ela se sentir bem por lutar por seus ganhos e ideais. E como isso, consequentemente, também refletia na minha admiração por ela; que ela deve se sentir tão importante quanto a considero e saber que naquela relação ela tem 50 por cento de voz, de opinião, e que todas as decisões serão sempre conjuntas. Isso não me isenta de pagar um jantar quando quero ou acho necessário, ou de cobri-la de presentes quando me der vontade, mas que não há regras ou cobranças. Dividir as contas, como a relação e os lençóis, não é uma ciência exata, mas algo que precisa de bom senso, carinho e reciprocidade.

Com frequência, em uma relação em que somente um dos dois paga tudo, um dia, mais cedo ou mais tarde surgirão pitadas de atitudes abusivas ou cobranças, que podem começar pequenas, sutis, mas que, aos poucos, com o desgaste da relação, podem aumentar.

Há um poder muito grande incutido no "pagar tudo, todas as vezes", pois o dinheiro não é somente saldo no banco ou parcelas a serem pagas – há muito de liberdade envolvida, de opinião, de poder de escolha. Muitas vezes, os homens que tudo pagam são os que não querem dividir todo o resto, como lavar louça, passar roupa ou transitar pelos perrengues de trocar as fraldas do filho no fraldário do shopping. *Não seria uma troca? Eu pago tudo e você cuida dos nossos filhos?*, pensam eles, com as velhas verdades absolutas e obsoletas pairando em suas cabeças.

E, pensando bem, por que não dividiríamos? Se ela ganha um bom salário, somos um casal e queremos que os dois cresçam igualmente, qual seria a lógica se eu pagasse tudo e ela guardasse todo seu dinheiro para uso único e exclusivo dela? Não seria justo nem honesto com quem se ama.

Quando a gente se relaciona sem o peso do sexismo, das regras que ainda existem e ninguém sabe mais por quê, a relação fica mais leve e equilibrada. Assimilar que antes de sermos homens ou mulheres, com papéis turvos definidos pela sociedade, somos pessoas em busca de felicidade, de paz interior, da realização de sonhos, é mais do que bonito ou descolado. É empático e fundamental. Porque ninguém é de ninguém. Não existe *minha mulher* ou *meu homem*, por mais longo que um relacionamento seja. E já foi-se o tempo em que as mulheres não tinham vez na sociedade para ter seu próprio ganho.

Livrar-se das regras e dos dogmas é um passo imprescindível para aprender a respeitar as tomadas de decisão do outro, sejam as vontades, os sonhos, o "eu te amo", ou até, e principalmente, o adeus. Se todos soubessem que a liberdade não é algo que precisamos conquistar, mas que nasce conosco, as relações amorosas seriam muito mais fluidas e respeitosas. Relacionar-se com alguém que não entende isso, muitas vezes, é se prender em algo por muito pouco.

Mesmo depois de toda a conversa, infelizmente o grupo saiu sem perceber o que queríamos demonstrar. Ela era a "minha mulher", mas de "minha" nada tinha. Eu até a chamava de "minha mulher" porque nos sentíamos confortáveis assim, mas de possessivo só o pronome mesmo. Ela nunca foi minha. Sempre foi livre. Tanto que optou por ficar ao meu lado durante todo esse tempo. Ela é do mundo, e eu, por sorte, faço parte desse mundo tão peculiar em que ela vive. Talvez porque meu beijo seja bom ou porque eu goste de viajar de vidros abertos, vai saber...

E se um dia ela, ou outra mulher, quiser ir embora, precisar dizer adeus e decidir viver em uma casa na praia longe de mim, não há nada que eu possa fazer. Talvez, quem sabe, dar um sorriso de canto de boca e dizer que sentirei saudades. E se isso não for suficiente, eu me amanso no cantinho do meu quarto, escrevo sobre ela e, quem sabe, até publico um livro.

Não perca tempo procurando o amor

Há dias em que acordo com vontade de pular pelos ares, fazer ovos pochê como aprendi com a Julia Child e correr pela rua feito um idiota gritando aos quatro cantos que minha alegria é tão grande quanto uma baleia branca. Coisas da maturidade.

Outros dias, no entanto, quero me esconder no baú da cama box, sumir deste mundo e das suas regrinhas chatas, comer qualquer coisa que resta na geladeira e, principalmente, ficar com a minha ranzinzice e não ter que ser generoso com ninguém quando me perguntam se estou bem. Coisas da maturidade.

Sinceramente? Não sei se as pessoas que me conhecem pensam que, por fazer o que eu amo, não tenho dúvidas sobre o amanhã. É justamente por viver uma alegria tão grande no presente que o que mais temo é o amanhã. Até quando vai essa brincadeira de ser eternamente feliz? Parece que as pessoas não sabem, mas, para ser feliz, mesmo fazendo o que se ama, é preciso de uma enorme animação diária. É um eterno autoincentivo: "Pare de se comparar com os outros", "Agora não dá para desistir", "Cala a boca e continua, porra!" Com palavrões, claro, só para dar aquela acordada!

Se eu tivesse que voltar no tempo, sem dúvida trocaria todas as minhas fichas, meus amores, meus medos e minhas alegrias só para descobrir antes o que eu realmente gosto de fazer. Quando a gente encontra algo com que adora trabalhar, junto a essa paixão também descobre um amigo fiel para a vida inteira. É um encontro que pode demorar anos, mas quando vem é uma felicidade que conversa conosco com calma e – graças! – não some de supetão. É um fascínio que surge de mansinho, algo que faz a gente voar, sorrir pelas manhãs e nos questionar por qual motivo perdemos um tempo enorme tentando encaixar alguma coisa externa que nunca coube no nosso, tão nosso, interior.

Se você ainda não sabe o que é, procure o que gosta de fazer. Descubra qual é a sua paixão. Nossas paixões sempre serão nossos melhores amigos. E que a busca não seja por algo que não tem possibilidade concreta de ser encontrado, mas por uma coisa que, mesmo sendo rotineira, traga brilho aos seus olhos e alegria ao fazê-la. Gastar energia na busca de algo que não depende de nós é sempre uma enorme tolice. É querer controlar o que existe de mais incerto: o futuro. Ter a convicção do valor que a gente acrescenta ao mundo e de que fazemos algo para melhorá-lo traz uma autoestima sadia demais para ser esquecida em respostas genéricas cheias de "ano que vem vai ser melhor" e "este ano tá foda".

Então, depois disso tudo, posso dizer: não perca tempo procurando. O amor virá. Acontece na sorte, no gingado do dia a dia, no improviso, quando a gente cultiva com cuidado e carinho uma paixão valiosa que encontrou. Mas a gente precisa se autoincentivar: "Pare de se comparar com os outros", "Agora não dá para desistir", "Cala a boca e continua, porra!" Basta um coração aberto e um sorriso no rosto. Ninguém captura um amor como quem captura um Pokémon, infelizmente. Só que podemos cultivar o amor a partir das paixões que merecem durar.

Busque o que lhe traz alegria de viver, o que faz você vibrar enquanto o tempo dos outros só passa. A gente precisa se sentir importante e especial fazendo o que faz. Então pense, procure sua paixão, seja ela qual for: viajar, cozinhar, pilotar helicópteros, dançar "Ragatanga" ou cuidar de uma fazenda. Assim a vida fica gostosa e leve de ser vivida. E quando a gente descobre essa alegria, acredite, as outras, como os amores e a vontade de ter uma casinha com cerquinha branca e animais correndo pelo jardim, virão como em um passe de mágica.

Existe hora certa para falar sobre sentimentos?

Era quase fim de tarde, estávamos deitados na cama, você sem sutiã e com as pernas entrelaçadas no lençol, e eu somente de samba-canção azul-marinho, que você insistia em dizer que era preta. Sempre tínhamos discussões bobas. Com calor e à procura de uma brisa que me apaziguasse, eu estava com todas as palavras presas na boca para dizer quanto gostava de você. Mas, com o eterno medo da sua reação, preferi o silêncio que, na dúvida, era sempre meu melhor amigo.

Com sua mão pousada sobre o meu peito, me acariciando com as pontas dos dedos, como se estivesse desenhando algo muito importante, minha cabeça pensava em maneiras de não te perder, talvez dizendo somente com beijos e toques, para não te assustar, quantas vezes seu perfume já ficou na minha cama, no meu travesseiro, e que depois que te conheci meus amores antigos parecem não fazer mais sentido.

Eu sempre quis dizer tudo o que habitava dentro de mim, mas nunca sentia que era a hora certa. *Existe hora certa para falar sobre sentimentos?*, eu me perguntava. A intimidade que tínhamos na cama não era a mesma que tínhamos com as palavras. Nosso sexo era louco, os vizinhos deviam morrer de inveja, mas como falar tudo o que eu sentia? Não sei se conseguiria, não queria arriscar o que já tínhamos, pois era muito único e especial para mim.

Então guardei, dia após dia, durante muitos meses, meus sentimentos mais íntimos, com medo de assustar você e parecer ansioso demais. A verdade é que quando você sumia por dias meu coração apertava, e a vontade de perguntar por onde você andava vinha às pressas, mas eu nunca me atreveria. Sabia que a sua liberdade sempre tinha sido a maneira mais sincera de manter você comigo. Muitas vezes, me omiti, guardei para mim o que sentia, por medo de deixar você sem reação. Não falar sobre sentimentos é algo um pouco contrário ao que acredito, mas, naquele momento, ter você por perto era mais importante do que ser sincero com o que eu sentia.

Sabe quando a gente quer ter alguém por perto a qualquer custo? Quando a presença é tão gostosa e necessária para a nossa estabilidade emocional que as circunstâncias começam a ser detalhes que deixamos para pensar depois? Parece estranho, e talvez até seja, mas fazer o que se sou constantemente refém dos meus sentimentos e da minha vontade de amar?

Nunca aconselharia alguém a não dizer o que sente, principalmente quando o sentimento é tão verdadeiro, mas há ocasiões em que o medo de perder quem a gente ama é maior que a necessidade de falar o que pulsa dentro de nós. E esse é um equilíbrio com o qual devemos tomar cuidado, pois ele deve ser uma fase, e não uma situação duradoura. Não podemos ficar muito tempo nesse dilema, pois seria sufocante demais.

Mas por que não posso dizer o que sinto? É que muitas vezes, quando estou apaixonado, sou ansioso para demonstrar o que está no meu coração, por isso me afobo ao falar e me atrapalho. Nesse momento, só preciso de calma para não pôr em risco o que está me fazendo tão bem.

Seus carinhos me invadiram de uma forma que não consigo descrever. Só quero aninhá-la em meu peito e torcer para o relógio fazer escala e se atrasar um pouco, para eu poder guardar a pressa embaixo da cama. Enquanto o futuro me assusta, fico aqui pensando em vez de curtir o carinho que ela desenha em mim, pensando em maneiras malucas de não perder o que estou vivendo no agora. Por que sempre vivo com tanto medo do futuro?

Não deixe de amar ninguém por medo de perder a liberdade

"Eu gosto de você, de estar perto de você, mas neste momento, prefiro minha liberdade." Essa frase foi repetida durante muitos anos em minha vida, na maioria das vezes por minha própria boca. Surgia quando eu notava que minha liberdade poderia correr o risco de ser invadida por alguém ou quando era a pessoa que corria o risco de se arrepender por entrar no meu turbilhão de ideias, excessos e vontades loucas e imediatistas.

Muitos dos que alegremente deixaram um pouco de si em mim podem ter pensado que eu dizia aquilo por puro medo do amor ou do envolvimento. Mas não. Embora considerasse aquela uma atitude egoísta, eu precisava dela para poder buscar meus mais íntimos sonhos, e infelizmente eu tinha que ir sozinho. Necessitava que fosse assim para não ficar preso a nenhuma amarra, além de pensar que levar alguém comigo para a instabilidade seria injusto demais.

Conservar a liberdade e minhas introspecções solitárias sempre foi uma maneira doce e suave de me manter por perto de alguém. Existem pessoas que são como pássaros: têm asas e por isso conseguem levar seus amores para lugares deslumbrantes e cheios de bem-querer, mas precisam de muito espaço para abrir os braços e levantar voo sem esbarrar em nada. Prender ou cortar as asas de alguém ou colocá-lo em uma gaiola de ego e caprichos nunca foi a solução ideal para evitar uma partida. Ao contrário, isso só traz infelicidade e instiga o adeus de quem precisa muito voar.

Há tolos que pensam que as trocas do amor precisam ser simétricas, como se para ter confiança de um lado fosse necessário entregar a liberdade do outro. Essa permuta nunca será uma troca justa. No amor maduro, a liberdade não é negociada, mas conservada em cada individualidade. Nenhum amor merece um escambo tão triste e egoísta assim. Seria bom se pudéssemos avisar aos que ainda não sabem disso – ou aos que sabem mas não têm coragem de romper as barras dessa gaiola invisível.

Minha fase livre – com mochila nas costas, alguns trocados no bolso, horários pouco convencionais, lençóis estendidos direto no chão, semanas vazias e coração cheio – foi de suma importância para a pessoa que me tornei. Fui muito feliz sozinho, como sou muito feliz hoje junto de alguém, pois aprendi sobre a importância de respeitar os momentos de cada um, estejam eles sós ou acompanhados.

Se neste momento da vida você ama mais sua liberdade do que a um companheiro, sua escolha já foi feita. Não se julgue por isso. Opções não precisam ser definitivas. Ninguém é obrigado a viver em desgosto por escolhas que deixamos de fazer. Escutar o coração é sempre uma escolha digna. Não precisamos nos preocupar em traçar estratégias para atingir a felicidade, como se isso fosse um estágio pleno e integral, nem somos obrigados a encontrar um casamento ou uma relação eterna, como se fossem a única certeza de que o amor existe.

A liberdade é uma linda ponte entre o que somos e o que gostaríamos de ser. Ela nos abre os olhos para novas oportunidades e para maneiras de nos respeitar cada vez mais. Se soubermos fazer isso sem ficarmos reféns do ego, aprenderemos a nos amar verdadeiramente.

Não deixe de amar ninguém por medo de perder a liberdade ou até em nome dela. Nem perca sua liberdade ao se amarrar a uma situação que vai fazer o tempo passar e com ele a chance de você conquistar seu sonho. A vida também nos guia e as concessões que precisamos fazer são sempre sábias. Confie nelas e aprenda a respeitar os ciclos do seu coração.

Amar não implica perder a liberdade para ficar com alguém, e sim unir duas pessoas que já eram felizes e livres e que, por opção, decidiram voar juntas para admirar a linda vista que somente os pássaros de asas grandes, que voam bem alto, conseguem enxergar.

O final você já sabe

Eu gosto da nossa intimidade. Adoro como às vezes as coisas começam despretensiosas, como uma massagem. Você deita de bruços, eu vou soltando as tensões das suas costas e pescoço, e de repente os músculos já relaxados começam a fazer sua pele sentir mais coisas causadas pela pressão das pontas dos meus dedos, que vou deixando cada vez menos, fazendo-os deslizar em corridas mais longas. Vêm então os arrepios, os calafrios, os outros frios que descem pela sua barriga, e você fica com uma incontrolável vontade de se virar.

Mas eu não deixo, e encosto meu peito quente nas suas costas, deitando meu corpo sobre o seu. Minha pele encosta na sua, meus braços envolvem os seus, minha boca chega perto do seu ouvido, e digo coisas que poucos sabem que você gosta de escutar: *safada*, *gostosa*, *putinha*. Você sorri, vira a cabeça para o lado e gira o corpo sob o meu, quando eu afrouxo o abraço. Seus olhos brilham e eu sei o que eles dizem.

Você sabe que pode me olhar com vontade de não resistir às tentações. Já te falei isso. Você pode me olhar com vontade de tudo, de dar de quatro, no chuveiro, na pia da cozinha, de me dar seu mundo inteiro. E eu olho para você pedindo que troque uma energia comigo, e pode até ter vergonha de pedir tudo o que você quiser, se for o caso, mas, por favor, só não deixe de pedir. Não por mim, mas por você.

Entregue-se por você, viva essa experiência por você, liberte-se das dúvidas. Aqui entre a gente elas não fazem sentido. Aproveite com um sorriso no rosto, aperte minha mão se necessário. Só, por favor, não deixe de morrer comigo, não guarde o tesão nem a vontade de ser feliz. Temos tão pouco tempo...

Vou beijando seu pescoço, peito, barriga... Para mim você não precisa mentir, muito menos fingir que não gosta de mordidas na parte interna das coxas. A gente se conhece tão bem, somos tão bonitos juntos.

Eu pergunto se posso te chupar todinha. A questão é retórica, eu sei, é claro que é isso que você quer também. Sei que poderia falar "fazer sexo oral", mas nessa hora a gente gosta mesmo é de falar "chupar", em tom vulgar, pois é assim que os arrepios acontecem mais. Poderíamos falar daqui a pouco em transar, mas você gosta mesmo é de ouvir que eu estou a fim de *te comer todinha*, no diminutivo mesmo, pois é assim que o tesão se une à paixão.

No amor
maduro,
a liberdade
não é negociada,
mas conservada
em cada
individualidade.

E quando você está entre gemidos e olhos cerrados, com as mãos apoiadas na cama, agarrando o lençol, brincando de se contorcer e espiando para baixo tentando encontrar meus melhores olhares, eu estou ali, com um meio sorriso, observando você com aquela cara de "Calma, ainda nem comecei...". Então, vendo seus olhos revirarem, pego suas pernas e as coloco nos meus ombros. O final você já sabe. Você sempre sabe.

Gosto da nossa intimidade e da maneira como posso compartilhar minhas vontades e sonhos com você, mas, principalmente, gosto de como a gente se perde na cama. Entregar-se a alguém com quem temos sintonia é sempre um passeio pelo infinito. É se entregar de corpo, alma, mente e coração.

Sei que somos lindos juntos, pois não somos só sexo na pia da cozinha. Somos alegria do encontro. Não somos só um beijo de final de semana. Somos entrega verdadeira e retiro de amor. Não somos promessas e palavras vagas. Somos silêncio seguido de um olhar que soletra tão bem as linhas tortas da alma. Somos o que muitos gostariam de ser e não são só por medo de ousar.

Gosto de como você sabe se oferecer por inteiro e se livra dos próprios preconceitos, pouco se importando com o que vou pensar de você. Até porque sabe que só irei pensar o melhor, independentemente das loucuras que fazemos. Na nossa intimidade há delírio, safadeza, putaria, mas também amor. E a gente entende muito bem de tudo isso. A gente dá aula de respeito. E sobre o amor a gente pode escrever um livro. É, eu já escrevi... mas poderíamos escrever outros juntos, que tal?

Entre o fim, a conversa e o silêncio

Sentir-se sozinho em um relacionamento é estar em uma escuridão difícil de enfrentar. É uma sensação que aperta o âmago, faz chantagem e deixa você com poucas e injustas opções. Entre o fim, a conversa e o silêncio, a gente pisa em espinhos e machuca os pés, pois não há muitas alternativas. Decidir é difícil, até para os que dizem ter muita certeza sobre o que sentem.

Brigas bobas são o prato mais pedido do cardápio. Acompanha sobremesa? Hoje não... As conversas não fazem mais tanto sentido, são repetitivas, cansativas e cheias de verdades unilaterais. Como conversar com quem não quer ouvir? É árduo, complicado. O silêncio já foi um "conforto" longo demais, e hoje não é mais sábio, muito menos maduro, mas um constante desperdício de tempo por se acreditar em uma alegria que somente fez juras de amor no passado. O fim, ah, o fim... Sobre ele nada sei, mas preciso admitir que sinto um medo filho da puta de colocá-lo nas páginas da nossa história.

Sentir que a solidão é uma companhia mais reconfortante que o beijo de quem dizemos amar é uma dor que não temos com quem dividir. Não gostaríamos de sentir essa tempestade de sentimentos, e seria tão mais fácil se pudéssemos nos contentar com uma garoa passageira, regada de amor e carinho... Mas o que fazer se a necessidade de amar loucamente consome a leveza dos meus desejos?

E, mesmo que dividamos essas nossas sensações com os outros, eles pouco saberiam dimensionar nossas dúvidas estranhas, sem sentido, e que surgem feito pingos de chuva grossa em nossas cabeças. Ninguém entenderia como os pensamentos lançam longos galhos, criam raízes e engrossam seus caules dentro do nosso peculiar e inconstante universo. Tristemente, quem vê meu sorriso aberto, eufórico, não imagina a tormenta de loucuras que despenca sobre o meu peito.

Já não saber mais se você ainda gosta de alguém ou se está apenas acostumado a uma situação, não é algo tão simples quanto parece, principalmente com o passar do tempo, que faz mesclar pouco a pouco os gostos, as vivências, as rotinas e os sorrisos. Muitas vezes, nem há grandes motivos para querer desistir do que achávamos ser amor, é "só" o coração que parou de dançar em ritmo de Carnaval, é só o beijo que não parece mais ter o encaixe perfeito. Por quê? *Não pare de dançar, coração, ainda é tempo de alegria!*, grito internamente. Dói questionar o motivo de algo sobre o qual não temos controle, como se a culpa fosse nossa ou da pessoa que convive conosco, mas, infelizmente, não adianta questionar. O coração não sabe responder perguntas feitas pela razão.

Eu sei que querer segurança no amor febril é uma insanidade; a gente quer garantia demais para se entregar. E de garantia mesmo só o momento vivido e o sorriso de poucos segundos atrás. Amor sem uma pitada de insegurança, sem medo do erro, do adeus desnecessário, não é amor. "Mas eu não sei amar sem morrer de amores." Seria esse o mal da alma de quem só sabe gostar com muita intensidade?!

Quando sinto a invasão desses sentimentos, dessa minha impetuosidade que insiste em olhar com desprezo para a minha calmaria (que cada vez mais dá as caras), entro em colapso e me pergunto dentro de um silêncio que só cabe a mim: será que devemos nos contentar com os avisos do coração e obedecer a eles, como se a nossa razão não entendesse nada de amor? Será que um dia as lindas lembranças do passado e a certeza de que somos tão legais juntos vão vencer a inquietação do coração?

A necessidade do amor febril é um mal da alma que ninguém tira, e com a qual poucos sabem lidar. Quando sabem, é porque não sentem a plenitude de sua energia. Calmaria e intensidade nem sempre andam de mãos dadas. Eu sei, eu sei, seria tão mais fácil amar sem perguntar o porvir, sem achar que a sensação de sossego faz parecer que a vida perdeu a intensidade; seria tão descomplicado se fôssemos peças de um quebra-cabeça que se encaixa e não muda de forma.

Mas a gente muda muito. Silêncios, conversas e adeus são opções injustas demais para quem só quer continuar amando como se fosse a primeira vez. Injustíssimas.

Pessoas desproporcionais

Eu sempre digo que há encontros na vida que são desproporcionais. No início, há pessoas que nos fazem bem, nos fazem brilhar os olhos, a pele e os fios dos cabelos, e, às vezes, dão até aquele gostinho de eternidade. Porém, aos pouquinhos, dia após dia, desentendimento após desentendimento, desrespeito após desrespeito, esses encontros desproporcionais vão fazendo tudo morrer. Sem a gente perceber, vamos perdendo a autoestima, a essência, a naturalidade e a admiração um pelo outro. Morrer aos poucos, quando o assunto são sentimentos, é sempre uma dor que corrói, que vai comendo pelas beiradas, porque é um prato que está sempre quente.

Pessoas desproporcionais são pequenas desesperanças que não carregam nem um pequeno pote de sensibilidade e empatia com elas, mas descarregam em nós, mesmo sem querer, todas as suas frustrações, fraquezas e traumas. Elas não oscilam como nós, não veem o mundo como nós – e provavelmente nunca verão –, pois não têm o respeito que, acredite, vem do espírito, e dificilmente saberão valorizar quem realmente somos.

Por mais que as diferenças entre as pessoas gritem – e vivem berrando – e esperneiem como uma criança mimada, o respeito sempre deverá existir e ser simétrico entre as partes. Porque a falta de respeito não vem somente das palavras ríspidas, gritadas ou agressivas, ou das traições ou dos pequenos descasos, mas da ausência de incentivo aos sonhos, da incompreensão na hora em que os pés não tocam mais o chão, da falta de apoio quando dúvidas surgem e não temos mais com quem desabafar.

Sempre que me relaciono com alguém, a primeira coisa que observo com minúcia é como essa pessoa olha para o mundo. Para mim, quando alguém respeita o mundo (as pessoas, as particularidades e as diferenças dos outros), também saberá respeitar um amor, seja ele como for. Se não consegue nem respeitar o mundo em que vive, a diversidade ou, em alguns casos, os próprios pais ou antigos amores, como saberá respeitar nosso relacionamento?

Não importa se essa nova relação será eterna, passageira ou se ficará apenas como uma lembrança-sorriso de um feriado que passou. A pessoa precisa saber se entregar na hora de amar, de pedir perdão, de assumir suas fragilidades e, sem vergonha ou medo, de olhar nos meus olhos e dizer que errou, que acertou, que foi feliz.

Manter um relacionamento apenas em nome da estabilidade ou, como se isso fosse plausível, usar argumentos como "Mas Fulano é uma boa pessoa" é viver preso em uma bomba-relógio. Ser uma boa pessoa é o mínimo! Ser companheiro é o básico! Respeitar não é protocolo ou compromisso assumido, mas questão de princípio, de essência. Relações abusivas, tristes, obsessivas ou unilaterais são como um pedaço de papel que não podemos guardar na gaveta do nosso criado-mudo por tempo indeterminado para, quem sabe um dia, voltarmos a ler.

Precisamos nos livrar dos pequenos bilhetes inofensivos e cheios de mágoa que guardamos. Se a felicidade não está no agora, no presente momento, não aparecerá de repente, quando você precisar. Se não há mais alegria no toque, no respeito que a alma e os ideais pedem, não há motivos para ficar. Não importa como começou, se foi intenso, lindo, libertador ou colorido, se já conheceu a família inteira ou se vocês já têm a bênção de um filho pequeno. Uma história linda do passado nunca é argumento para viver uma relação sem respeito no presente.

Eu sei, demoramos para absorver, mas uma hora a gente aprende que nossa positividade, infelizmente, nunca mudará a negatividade de quem carrega todas as verdades absolutas. E, acredite, eu sei como isso soa triste, mas quem disse que não é para ser? Doar-se inteiramente a quem, no fundo, bem no fundinho, sabemos que não vai mudar para melhor, é pedir para se afogar junto em um mar de tristezas. É suplicar para se perder nas profundezas e, sem ao menos perceber, se ver escoando em um oceano azul, que, pouco a pouco, vai se tornando menos azul, menos azul, e cada vez menos azul… até que um dia, quando você se der conta, vai se ver sozinho, cheio de cicatrizes, desacreditado, no fundo de um abismo escuro.

Então, em suma, fique sozinha, more em uma toca, mas, por favor, não fique com quem não respeita e não oscila como você, pois se o presente não está alegre, não será o passado, mesmo que bonito, que conseguirá manter a felicidade no futuro.

Asas e armaduras

Uma vez, depois de um ano-novo, voltando da praia para casa, dirigi por 200 quilômetros sozinho. Por mais que eu reclame do trânsito do verão, das intempéries, da areia da praia grudada no carro e no corpo, eu também gosto do som do mar, da elevação na autoestima que uma pele mais bronzeada me traz e da reflexão que dirigir sozinho pode proporcionar.

Ao longo daqueles quilômetros, pensando e ouvindo músicas que muita gente duvidaria que eu escuto, fui lembrando tudo que realizei naquele ano e fazendo um balanço: levei minha mãe para uma viagem ao exterior pela primeira vez; realizei encontros fantásticos com meus leitores; consegui me entregar a paixões que, algum tempo antes, sem dúvida me fariam morrer de medo; recordei como fui feliz em momentos em que eu nem tinha percebido quanto havia sido feliz; e como amei sem me preocupar com a maldade do tempo, que leva tanta coisa embora.

Pensei que cada ano, por mais normal ou doido que seja, nos permite colecionar alguns aprendizados. Aprendi, ao longo da vida, mesmo pedindo aos céus que não, que a gente perde pessoas, mas também ganha muitas lembranças lindas para serem rememoradas. E que todo grande aprendizado dói muito, mas a gente sempre suporta. Que o tempo passa, porém a saudade de quem eu amo continua comigo, mais madura e mais segura de que fiz o que deveria ser feito. Mas que ela ainda é enorme dentro de mim.

Todo fim de ano acontece uma interiorização diferente e especial, como se a gente abrisse as caixinhas das lembranças que colecionamos durante aquele período e relembrássemos situações gostosas, tristes e revolucionárias que aconteceram conosco. E são muitas, e a gente muda muito, e ri também com muita intensidade de enormes bobeiras que fizemos.

Esses aprendizados que vamos colecionando ao longo do tempo são como conselhos dos nossos melhores amigos, e com eles podemos escolher entre construir asas ou armaduras. Ter armaduras, por um lado, é ótimo, pois nos protege de quem atira pedras inesperadas, não nos deixa vulneráveis, à mercê de quem não sabe nos valorizar. Por outro, nos faz perder a sensibilidade a momentos muito bonitos e genuínos, e às vezes generalizamos traumas que são só pontuais e passados. Construir asas nos permite sobrevoar os fatos e ver que nem toda história triste se repete.

Às vezes, podemos deixar a armadura de lado e aprender a voar mais. As asas dão a liberdade de que o amor precisa: têm agilidade, são belas e chamam a atenção para as coisas mais bonitas da vida! Usar as asas é deixar o peito aberto em tempo integral. Mesmo que nos atirem pedras, voando poderemos nos esquivar do que não nos pertence, do que não merecemos. Viver intensamente lidando com o que a vida joga em nossas mãos, como se fosse uma batata quente, é uma missão que só pessoas com asas conseguem realizar. Ainda que no amor sempre haja um pouco de mágoa, a gente aprende que a dor também colore o quadro que estamos pintando enquanto vivemos.

Olhar de cima, fazendo um balanço do ano, e perceber que a gente conseguiu se entregar, traz uma sensação gostosa demais para não ser dividida com o mundo. Você viveu, então sorria! Que nos próximos anos a gente aprenda que amar é um verbo que abre o coração, a cabeça, e, principalmente, que transforma até as posições mais severas em concessões. E ceder na hora de amar, seja com quem for, é muito especial.

Deixemos de lado os que carregam armaduras, acreditando em suas tristes verdades absolutas sobre o mundo, e vamos encontrar pessoas que amem como nós, não da melhor maneira, mas da mais sincera e intensa possível: com asas.

Diálogo silencioso

Escrevo este texto no meu celular, enquanto estou deitado em minha cama, com as luzes apagadas, pensando em coisas loucas que eu adoraria realizar. Consigo imaginar você também, talvez deitada como eu, ou sentada confortavelmente, lendo as palavras que planejei dizer, porque quero falar uma coisa que acho que você merece muito ouvir.

Fiquei pensando bastante em você. Sim, você aí que lê estas palavras neste instante. Será que você também fica pensando em mim? Consigo te imaginar sorrindo ao ler isto, o que me faz sorrir também. Só que eu sorri um pouco antes de você, pois meu presente ainda é o seu futuro. Ou seria seu passado? Sei lá. Mas olha que coisa: o que eu escrevo aqui e agora vai tocar você aí, aqui e agora também, apesar de estarmos separados no tempo e no espaço.

Isso é bem louco, não acha? Mágico e doido. De qualquer maneira, agora estamos conectados. Eu e você. Só nós dois. Não tem mais ninguém aqui em nosso diálogo silencioso. Estamos sozinhos, temos privacidade, podemos falar sobre qualquer coisa. O que quisermos. E isso me excita. Então vamos aproveitar esse clima de magia e loucura e vamos brincar?

Consigo imaginar como está seu corpo agora, qual a posição das suas mãos, das suas pernas, consigo deduzir até suas imperfeições – que são lindas, por favor, nunca as mude – e os desejos que você guarda aí dentro. São muitos, eu sei. Não me conte sobre eles, pois eu quero descobrir. Não quero que você tire meu prazer que é desvendar você.

Ah, esqueci de avisar: não continue lendo se não quiser correr o risco de sentir algumas coisas. Talvez aconteça. Deveria ter falado isso lá no começo. Mas ainda dá tempo de parar, fique livre e à vontade para seguir em frente e virar a página. Se não quiser, não precisa continuar a ler.

.

.

.

.

.

.

.

Já que você continuou, chegue mais perto. Tem um espacinho aqui na minha cama, sabia? Um pouco apertado, mas tem. A gente vai ficar bem junto, mas é melhor, porque assim eu posso só sussurrar no seu ouvido.

Se você estiver com frio, é por causa do ar-condicionado que está ligado. Dezenove graus. Adoro dormir assim, para poder me enfiar debaixo de muitas cobertas. Venha ficar aqui comigo. Tire os sapatos e pode encostar em mim. Dizem que minha pele é quente.

Agora já posso falar o que eu queria. É sobre as palavras. Elas têm um poder especial. Conseguem atravessar qualquer barreira e causar efeitos incríveis na imaginação de uma pessoa, principalmente se for mulher. Você já sentiu? Alguém já lhe contou isso? Palavras, quando bem usadas, têm o poder de desnudar o corpo e a alma inteira. E dar prazer.

Só que elas só funcionam se você fizer a sua parte, se soltar, vier comigo, desarmar seus preconceitos, suas travas, sua vergonha, e usar sua imaginação para acompanhar o que eu vou dizer. Sem censuras, sem julgamentos, sem problemas. É só um exercício de fantasia. Pode vir sem medo. Não tem perigo.

Você está aqui comigo na minha cama, e o calor da minha pele agora faz você se sentir muito quente. Só que por dentro da sua barriga você sente um friozinho gostoso. Seu coração bate forte, e eu consigo perceber. Entre nós está surgindo uma força que nos faz nos aproximar mais. Estou olhando para os seus lábios e você está olhando para os meus, e nós dois estamos pensando a mesma coisa: qual seria o gosto do nosso beijo?

Mas eu não vou te beijar ainda. Quero sentir mais a sua pele primeiro. Posso tirar sua blusa? O sutiã também. Olha que delícia quando a gente encosta, a eletricidade que existe entre a nossa pele. Me abraça forte? O toque dos seus seios no meu peito é muito bom. Alguém já te falou isso?

Estou deslizando minhas mãos pelas suas costas, pela sua nuca, e subindo pelos seus cabelos. Eu sei que você está arrepiada, estou sentindo seus pelos levantarem. Já lhe disseram que você é gostosa? Que seus peitos são a parte mais bonita do seu corpo? Que seus olhos são sua parte mais atraente? Que está difícil controlar o tesão?

Estou olhando de novo para seus lábios e não consigo segurar mais minha vontade de te beijar. Encosto minha boca na sua e nossas línguas já se encontram. Nosso beijo é quente, firme, encaixado, delicioso, cheio de ansiedade do que ainda está por vir. Beijos com ansiedade sempre têm um gosto especial. Sem parar de te beijar, tiro o resto da sua roupa e da minha.

Agora minha boca desce pelo seu pescoço e eu sinto você inteira, enquanto acaricio cada parte lisa e macia do seu corpo, como se estivesse desenhando algo muito especial em você. Estou com vontade de morder sua barriga, posso? Pode responder, ninguém está ouvindo ou lendo, já disse. Ah, e não precisa encolher. Vou tentar não fazer cócegas com a minha barba. Mas eu sei que ela vai roçar em você quando eu descer mais um pouco até onde você está imaginando. Só que eu garanto que vai ser muito bom. Pode imaginar, seria bobagem se conter; estamos só eu e você aqui.

Agora você está se contorcendo e levantando um pouco as costas, em busca do nosso encaixe perfeito. Eu seguro você pela cintura e te conduzo em uma dança, até o auge do nosso prazer. Até nossos corpos tremerem e nossos olhos revirarem com a sensação que toma conta de tudo.

Alguém já falou tudo isso para você? Alguém já disse que vai ser difícil esquecer seu corpo? Alguém já falou que o toque da sua pele é espetacular? Que foi emocionante se entregar sem medo junto com você? Espero que sim, porque você merecia muito ouvir. E se não disseram, agora eu disse. Não só disse, como mostrei. Tomara que você tenha sentido. E, olha, foi um prazer compartilhar isso tudo com você, viu?

As palavras têm um belíssimo poder de tirar nosso coração para dançar, e isso é uma delícia. Só não gosta quem nunca experimentou. Palavras são como dedos ágeis que tiram o escudo e o sutiã para desarmar quem se permite se abrir e às vezes não sabe como. Dedos, mãos e palavras podem deslizar pela boca e, sem proferir nenhum ruído, arrepiar lugares que você nem sabia que podiam produzir sensações incríveis.

Palavras, quando bem usadas, desnudam um belo corpo e uma alma inteira. E dão prazer. Nunca lhe disseram isso? Achei que você merecia muito ouvir.

Chacoalhe a árvore dos relacionamentos

Todo mundo tem vários objetivos e sonhos na vida. Alguns gostariam de comprar uma belíssima casa, com um jardim cheio de pés de jabuticaba e uma piscina de borda infinita. Outros prefeririam um apartamento aconchegante em um bairro gostoso e arborizado, até porque iriam viajar tanto que não teriam por que arcar com os custos de uma casa com pés de jabuticaba e piscina de borda infinita. Alguns desejariam se casar com alguém que os amasse de verdade, independentemente do tempo que durasse, em uma cerimônia na praia, com roupas leves, poucos convidados e chinelos de dedos. Outros escolheriam o casamento em um lugar chiquérrimo, com convites sociais irrecusáveis e bebidas das quais nem sabemos o nome, cheias de lindas e enormes rosas modificadas geneticamente.

Alguns optariam por ter cachorros serelepes e babões, que fazem festa quando os donos chegam. Outros teriam gatos, autossuficientes e carinhosos. Alguns sonhariam em empreender seus projetos de criança, com a liberdade que a alma pede. Outros, em ter um trabalho seguro e que não coabite com as instabilidades do eterno tiro no escuro que é arriscar em um negócio próprio.

De qualquer maneira, provavelmente o maior objetivo de todos nesta vida é conseguir se amar, independentemente das escolhas feitas e dos pés de jabuticaba.

Quando a gente se ama, as coisas acontecem. As pessoas e as oportunidades que se aproximam também são diferentes e quase sempre oscilam em vibrações positivas. Eu sei que gostar verdadeiramente do que carregamos conosco, sem nos questionar e sem nos comparar, é algo dificílimo, ainda mais nos dias de hoje, em que a comparação é tão imediata. No entanto, não se engane: amar-se não é postar fotos nas redes sociais evidenciando para o mundo como você está bem. Amar-se é ter paz interior o suficiente para não precisar da aprovação dos outros. E postar nas redes sociais é sempre um pedido de aprovação.

Chega uma idade em que a gente precisa chacoalhar a árvore das amizades, dos amores e até das pessoas que seguimos nas redes sociais, para observar se elas ainda fazem sentido. Se ainda devem fazer parte da nossa vida ou se elas simplesmente já se desgarraram pelo chão. Livre-se das pessoas que não estão mais presas aos seus ramos atuais. Se as amizades do presente parecem não ter mais razão de ser, mas insistimos em sustentá-las com as lembranças do passado para se manterem vivas, significa que elas deixaram de ser amizades.

E, por favor, não deixe ninguém tirar ou diminuir a sua autoestima, mesmo que sem querer, mesmo que gostem de você. Em geral, quem faz isso não percebe o que está causando e nos magoa com comentários leves ou brincadeiras inocentes. Converse com essas pessoas sobre isso ou afaste-se delas. Distanciar-se de quem emana energias que não combinam com a nossa é o primeiro passo para aprender a se valorizar e a dar prioridade ao que vem de dentro de nós.

Ame-se como você já amou alguém. Olhe-se com a admiração que você já olhou alguém. Sinta o mesmo por você e entregue-se com verdade e vontade de se abraçar eternamente. Ame-se. Faça isso e todas as coisas acontecerão.

CONHEÇA TAMBÉM:

Nem sempre nos sentimos seguros para expressar quem somos de verdade. Assim, muitas vezes criamos máscaras para ocultar nossa fragilidade e passamos a viver de acordo com o que esperam de nós.

A partir de reflexões e exercícios interativos, Fred Elboni propõe uma conversa franca sobre a importância de abandonar essas máscaras e abraçar as qualidades e os defeitos que nos tornam únicos.

O que os olhos não veem, mas o coração sente traz 21 capítulos sobre temas fundamentais para nos ajudar a viver de forma autêntica, conectados aos nossos verdadeiros gostos, sonhos e desejos.

Saiba mais:

Publicado por Maquinaria Editorial.

Impresso em Pólen Bold 70gm² na gráfica Viena em outubro de 2025.